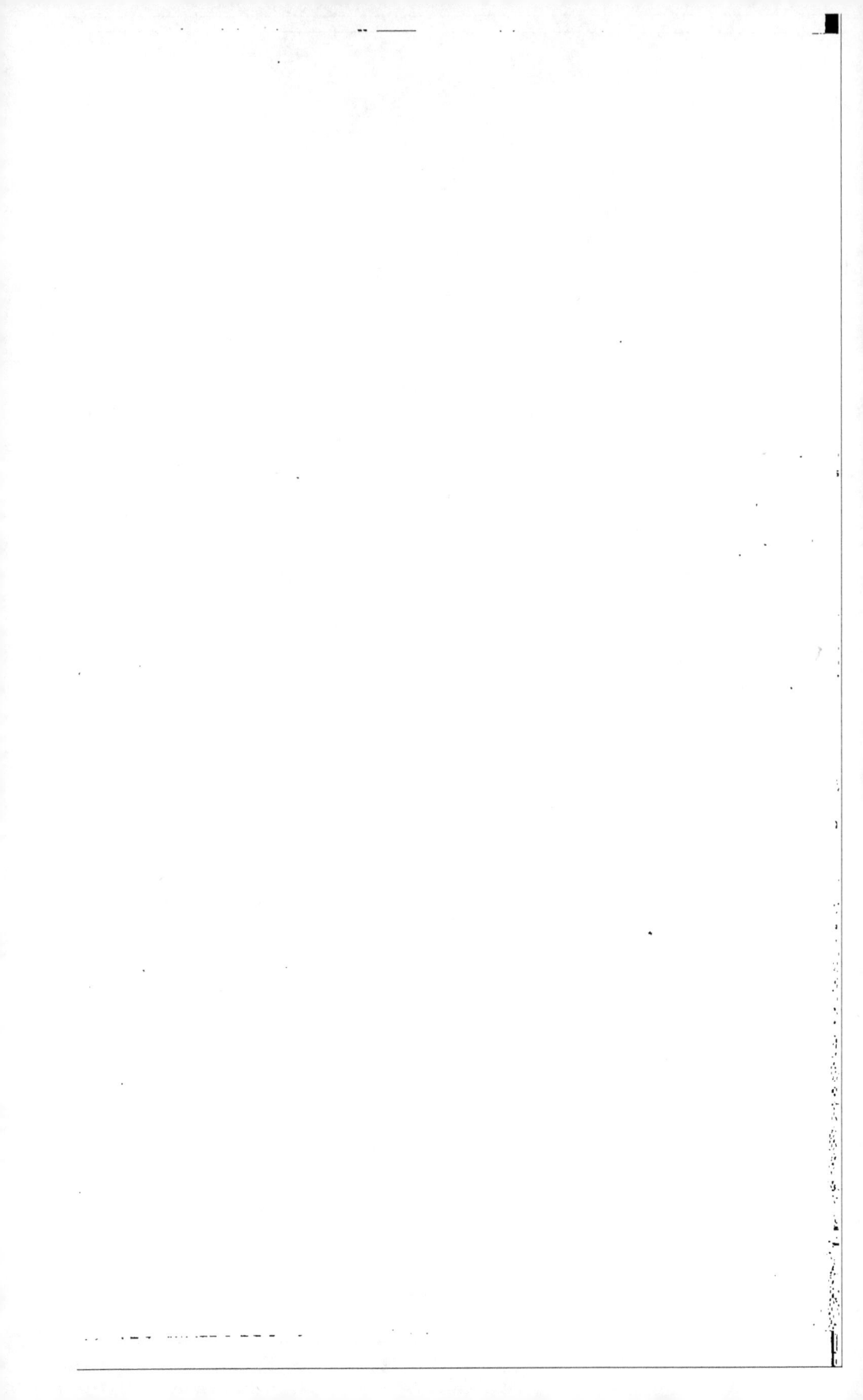

DERNIERS MOIS

DE L'ABBÉ

HENRY PERREYVE

A PAU

SOUVENIRS ADRESSÉS A SA SŒUR

EN 1866

———— • ————

PARIS

IMPRIMERIE DE A. QUANTIN

7, RUE SAINT-BENOIT, 7

—

1881

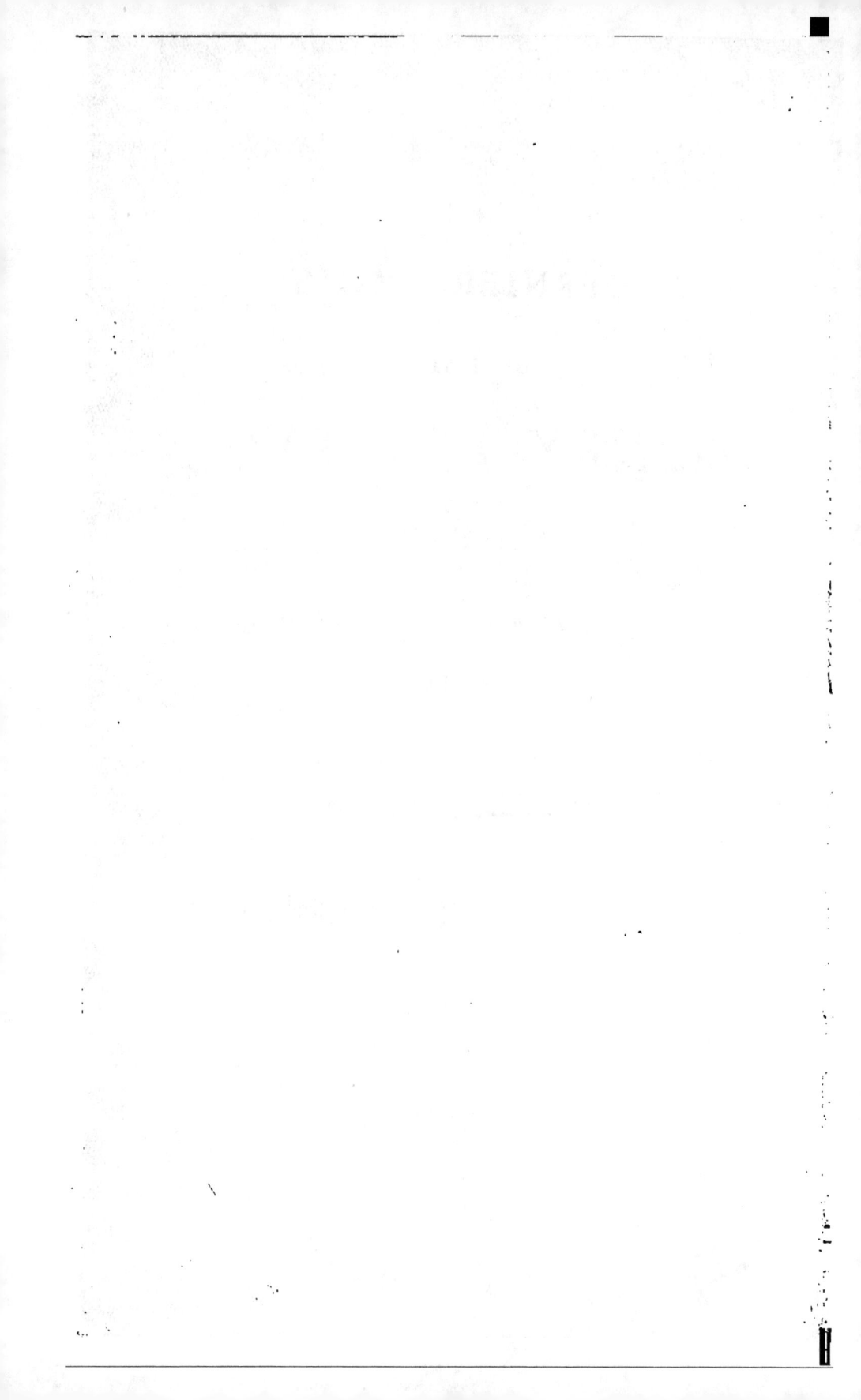

DERNIERS MOIS

DE L'ABBÉ

HENRY PERREYVE

A PAU

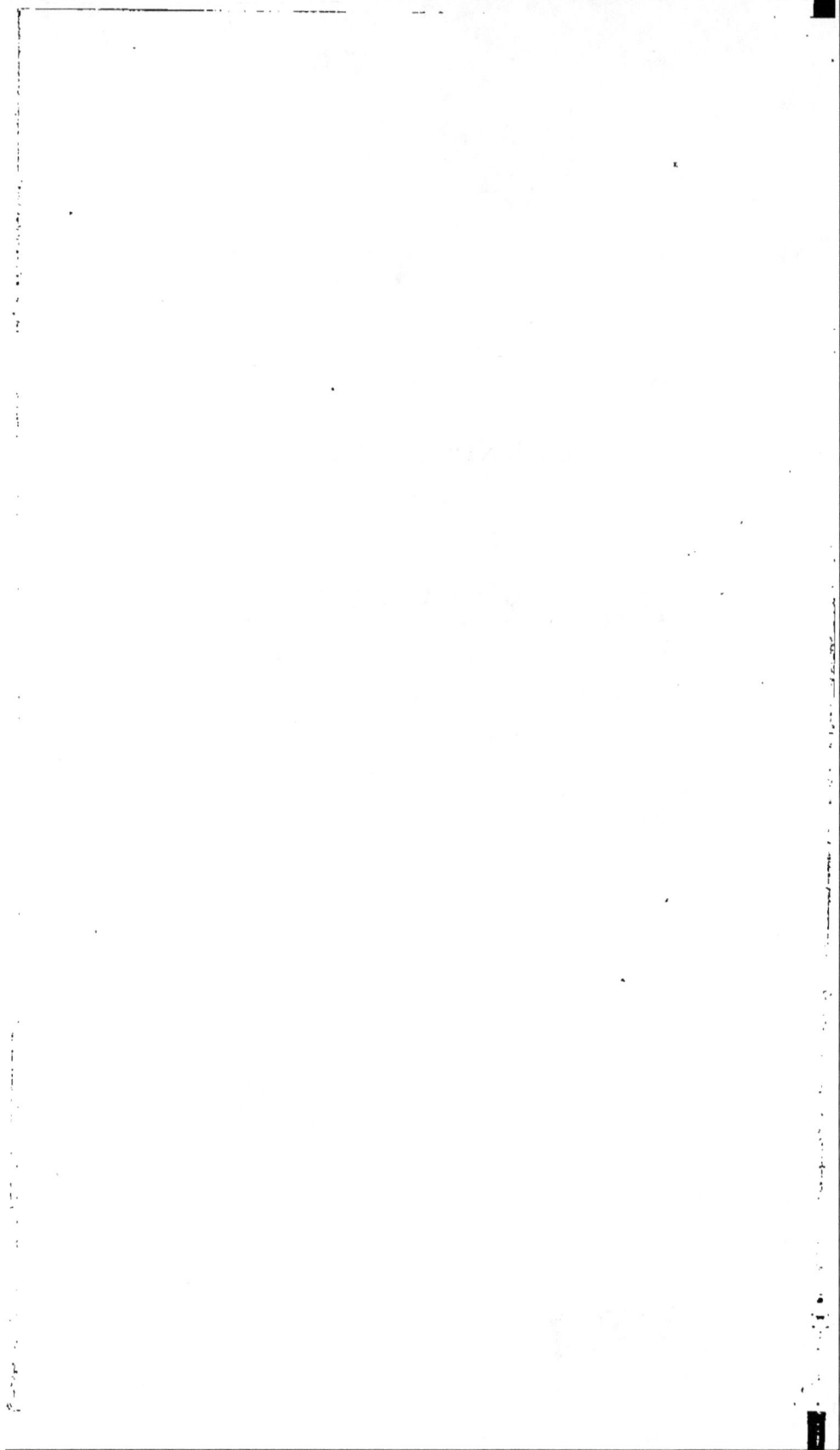

DERNIERS MOIS

DE L'ABBÉ

HENRY PERREYVE

A PAU

SOUVENIRS ADRESSÉS A SA SŒUR

EN 1866

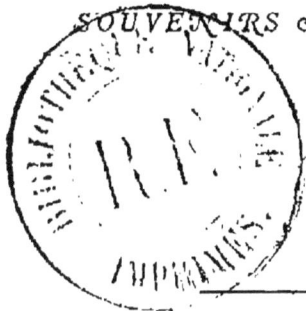

PARIS

IMPRIMERIE DE A. QUANTIN

7, RUE SAINT-BENOIT, 7

—

1881

DERNIERS MOIS

DE L'ABBÉ

HENRY PERREYVE

A PAU

I

Chère demoiselle Lucile,

Ma pensée, fuyant la triste réalité, retourne malgré elle incessamment en arrière et revient à Pau chercher votre bien-aimé frère Henry, encore si plein de vie, en possession de tant de facultés rares, il y a quelques mois à peine.

Le 29 août 1864, l'abbé Perreyve voulut bien venir consacrer une chapelle, récemment restaurée, au château de Stors.

Dans ce sanctuaire de famille, devant un tombeau, qui, mieux que lui, pouvait parler de douleurs inconsolables, sans déchirer les cœurs? rendre plus vives les espérances chrétiennes [1]?

Ce jour même de la cérémonie, tandis que le prédicateur recevait l'expression de notre gratitude, il me confia les nouveaux accidents de santé qui le menaçaient. Son mal, concentré jusqu'ici dans la partie droite de la poitrine, envahissait l'autre côté; il

---

1. On trouvera à la fin de ce récit les paroles prononcées par l'abbé Perreyve le 29 août 1864.

ne se dissimulait pas la gravité de sa situation et cependant hésitait beaucoup à interrompre ses travaux.

« Du repos, du soleil, je vous en prie! lui répétai-je en l'écoutant. Ah ! si le climat de Pau était assez chaud? Nous vous offririons la liberté dans notre intérieur, hospitalité qu'avait goûtée Ampère ; mais l'Italie, peut-être, serait plus salutaire, le ciel plus beau, l'intérêt sans bornes. »

« — Votre affection, madame, celle de M. C..., me vaudraient bien des rayons de soleil. Si je dois quitter la Sorbonne et mon ministère, si Dieu exige de moi ce sacrifice immense, j'irai chez vous. »

Six semaines après cette conversation, l'Abbé m'écrivait : « Madame et excellente amie, j'aurais un vif désir de vous voir et de vous entretenir au sujet de tant de choses qui nous sont maintenant communes.

« Ma santé est meilleure, mais on veut absolument que j'aille la consolider dans le midi, et j'ai l'audace de me rappeler la très bonne et très généreuse invitation que vous m'avez faite. J'accepterai donc avec une profonde reconnaissance cette hospitalité offerte de si grand cœur. Pourtant, madame, si quelques circonstances imprévues avaient rendu difficile l'exécution de ce plan de votre charité, veuillez me le dire avec une sincérité que je mérite. »

Quelques jours plus tard il ajoutait : « Je suis retenu comme un pauvre chien à l'attache chez M. Didot qui achève, en ce moment, les dernières feuilles de mon second volume[1].

« Je vous supplie de croire, madame, que je ne prétends nullement à ce que les personnes qui ont de la bonté pour moi, la poussent jusqu'à lire mes livres.

« Je me ferai une joie de vous adresser ces volumes, mais je ne demande pas autre chose pour eux que l'honneur d'entrer chez vous ; ils s'en contenteront et crèveront même d'orgueil s'ils se voient jamais installés dans une bibliothèque comme celle de Stors.

« Je suis toujours souffrant, sans connaître le dernier mot des méde-

1. Ouvrage en 2 vol. intitulé : *Entretiens sur l'Église catholique*, qui renferme la substance de son enseignement au lycée Saint-Louis, à Sainte-Barbe et à la Sorbonne.

cins ; je ne quitterai point Paris avant
la fin de novembre. »

A cette époque, il arriva en Béarn,
fatigué, fiévreux, amaigri, mais réso-
lument décidé à se guérir sans abandonner complètement le travail.

Ces derniers mois que nous allions
passer près de lui, tantôt anxieux,
tantôt reprenant à l'espérance, je remercie la Providence de nous les avoir
accordés. Hélas! sous ces ombrages
de Stors qui semblent, comme il le
disait naguère, attendre les absents,
lui-même ne reviendra plus.

L'abbé Perreyve fut installé villa
d'Albret, à Pau, dans la modeste
chambre choisie et habitée par Jean-
Jacques Ampère l'année précédente.

Au pied de cette mansarde s'ouvrait la route de Jurançon, à droite

était la promenade du Parc, à gauche le pittoresque château d'Henri IV, en face le Pic du Midi, gardien immuable et majestueux des Eaux-Bonnes, entouré de son cortège des Pyrénées.

Afin de mettre toujours sous les yeux de M. Ampère l'horizon qu'il aimait, une estrade, élevée de quarante centimètres au-dessus du parquet et posée dans l'embrasure de la croisée, supportait un bureau ; à cette place, l'historien de Rome avait écrit les derniers chapitres des Césars, votre frère devait y composer son dernier livre : *la Pologne*. Ce logis, véritable cellule d'étudiant, se complétait d'une petite terrasse d'où le soleil, en se couchant, donnait aux amateurs de la nature des représentations incomparables ; le savant académicien, l'éloquent prédicateur, tous deux artistes et poètes, avaient passé là, l'un après l'autre, de longs moments en contemplation.

« D'abord[1], écrivait l'Abbé, les premiers coteaux sont noirs, le soleil s'en est déjà retiré ; les petites montagnes, brumeuses à leurs bases, gardent encore à leur sommet quelques rayons épars ; enfin, les hautes cimes resplendissent de feux empourprés. Il faudrait des couleurs de flammes et une âme céleste pour en retracer le tableau, mais du moins l'image affaiblie en demeure profondément gravée dans les cœurs sensibles et artistes comme le tien. »

1. Fragment de lettre adressée à l'un de ses amis, au bon Stephen, publiée dans le recueil de 1850 à 1865.

Le marquis de Labastie, condisciple de votre frère à l'Oratoire, épuisé par le travail, malade de la poitrine, avait été forcé aussi d'abandonner deux fois sa tâche de professeur et d'aller chercher le soleil, d'abord en Afrique, puis en Italie.

Après ces longs voyages accomplis sans succès il voulut essayer encore d'un nouveau climat et vint s'établir à Pau en même temps que l'abbé Perreyve.

L'abbé Anatole de Labastie, né à Bourg, d'une des plus anciennes familles de la Bresse, quittait à dix-sept ans l'indépendance des champs, le château de Belvey, dont il devait être le propriétaire, pour entrer au séminaire d'Issy; cinq ans plus tard il devenait oratorien. Doué d'une haute intelligence, philosophe, théologien, métaphysicien passionné, son ardeur scientifique, incessamment soumise aux cruelles épreuves qu'impose une santé déplorable, résistait à tous les obstacles, à toutes les interruptions. Au sein de continuelles et inexorables souffrances, sa pensée profonde cherchait, creusait, demandait à l'étude les moyens d'éclairer et de servir les hommes.

Entre l'abbé Labastie et l'abbé Perreyve, les contrastes, les dissemblances abondaient. La physionomie et le maintien austère du premier, ses traits effacés, comme enveloppés d'une imperturbable impassibilité, n'attiraient point; mais sa maigreur d'ascète, son teint pâle, les traces trop visibles d'un mal latent supporté vaillamment, faisaient naître l'intérêt, et cet intérêt s'accroissait vite, à mesure que l'âme forte enfermée dans ce corps débile osait se livrer et rayonner.

Chez Henry Perreyve, tout était grâce et harmonie ; devant un de ses regards, les plus nobles esprits comme les plus simples, les moins disposés à la foi, s'arrêtaient, un instant, fascinés par la vision de cette beauté morale resplendissante sur son visage ; tous subissaient le charme de ce doux pêcheur d'âmes. Ces deux jeunes ecclésiastiques, absolument différents d'aspect, de goûts et de caractère, s'unissaient intimement à l'heure où s'échangeaient leurs sentiments de prêtres et de citoyens. Rien de plus salutaire, de plus fortifiant, que le spectacle de ce grand amour pour Dieu, étroitement lié au culte de la justice et de la liberté. Quelle éloquente prédication que ces élans énergiques et constants vers le bien, et la vue de cette mesure admirable, toujours gardée, malgré la courageuse impétuosité de pareilles natures ! Entre le monde et l'Église, c'étaient de bien précieux intermédiaires que ces deux vrais croyants, à jamais regrettables.

Henry Perreyve et le Père de Labastie se voyaient tous les jours, travaillaient, méditaient, priaient ensemble. D'immenses questions s'agitaient alors à Rome ; après la lecture des journaux, du courrier, ils allaient, venaient, traversant nos salons de long en large avec une vivacité, une excitation, qui trahissaient des préoccupations anxieuses.

Pour les distraire, on les emmenait en promenade ; l'un cheminait à pas comptés, la tête baissée ; l'autre marchait plus vite que nous, le front haut, l'œil vif, jouissant du pays, de l'air, d'un rayon de soleil ou d'un ciel légèrement voilé ; il s'amusait des moindres incidents de la route, d'un paysan gaiement accroché à la crinière d'une mule entêtée, d'une femme montée à califourchon sur un cheval étique, allant vendre au marché des volailles en cage ou des petits cochons naissants posés en manière de collerette autour de son cou.

Très amateur d'équitation, la rencontre d'un cavalier lui faisait battre le cœur ; un véhicule à conduire, élégant ou burlesque, lui causait tant d'envie, qu'il finissait souvent par y

grimper, non sans essayer d'inspirer
à son timide et prudent compagnon
la confiance de le suivre. S'il réussis-
sait (chose difficile), c'était alors l'explosion d'une de ces bonnes joies
franches et naïves, dont les natures
comme la sienne gardent seules le
secret.

Et les militaires, comme il les aimait! derrière la villa d'Albret était
la caserne, le clairon l'attirait au de-
hors; du haut de mon balcon je le re-
gardais s'arrêter devant un peloton de
conscrits, observant leurs efforts, leur
disgrâce, leurs bévues. Il aurait volontiers *porté arme* à leur place, pour di-
minuer la part d'injures qui tombaient
dru sur eux en les ahurissant. Le Pi-
card, le Normand, l'Alsacien, se
croyant en été, l'hiver, suaient sang et

eau sous ce nouveau climat, puis se re-
froidissaient; souvent à l'exercice plus
d'un numéro manquait à l'appel; l'Abbé
s'en apercevait vite et savait trouver la piste du malade. A l'hôpital, il
causait du pays regretté, des champs
qu'on reverrait un jour, des hauts faits
d'un héros connu, de la médaille, des
galons, du petit vin de Jurançon dont
il y avait à se méfier, et revenait à la
famille, à la lettre qu'il fallait écrire,
M. l'abbé s'en chargerait. En ville ou
dans les environs, passant avec lui à
côté des soldats, bien des mains se
portaient au shako. « C'est un ami,
madame, disait votre frère, et celui-
ci, et encore celui-là; braves enfants
qui n'aiment pas la gloire, mais qui
feront leur devoir tout de même. »

L'abbé Perreyve saisissait avec em-

pressement l'occasion de nous faire
connaître les siens. Il parlait de son
père, de sa science, de sa vie hono-
rable et laborieuse, de son excellente et courageuse mère, d'une
adorable sœur « auprès de laquelle,
ajoutait-il, je ne serai jamais qu'un
chenapan. »

Il caressait aussi le projet de finir
ses jours à la campagne, à côté de
cette Lucile dévouée, au milieu des
enfants de l'asile et de l'école, car la
jeunesse, toujours la jeunesse, se mê-
lait à ses rêves heureux. « Chacun
de mes amis, disait-il, contribuera à
m'arranger une retraite; tout ce qui
viendra d'eux me semblera meilleur
et plus à mon gré. » Pour notre part
nous aurions eu à peupler sa ferme.
Il retenait déjà dindons et lapins de la

basse-cour de Stors ; notre petite fille
Madeleine devait offrir son âne et sa
chèvre. De ces causeries douces et
plaisantes, l'Abbé passait aux sujets
graves du moment. Certain de l'affection de ses hôtes, pensant pour ainsi
dire tout haut, il laissait éclater sans
réserve l'élévation de son âme, la pro-
fondeur de sa foi et sa reconnaissance sans bornes (vertu des grands
cœurs), pour les hommes qui l'avaient
aimé et protégé. Avec quelle ardeur
il répétait : « Comme je dois remercier Dieu d'avoir entouré mon enfance
d'exemples si chrétiens, d'avoir mis
mes vingt ans sur le chemin d'Ozanam, du Père Lacordaire et du Père
Gratry. Quelle grâce spéciale et ines-
pérée pour un pauvre garçon, de s'être
trouvé de si bonne heure en commu-

nion avec des consciences si hautes, des convictions si loyales et si libérales. Peu de jeunes gens, en regardant derrière eux, auraient le privilège d'y trouver aplanis tant de luttes et d'obstacles.

« Mon passé m'apparaît comme une allée bien droite, éclairée par les grands et pieux esprits qui me soutenaient et me dirigeaient.

« De quelle gratitude je me sens pénétré envers ces nobles maîtres, depuis que la pratique de mes devoirs de prêtre et de citoyen est venue confirmer encore la vérité des principes qu'ils m'enseignaient. Ah! sans doute, je veux croire que mes sentiments seraient aujourd'hui ce qu'ils sont, mais à quel prix aurais-je acheté l'expérience? et sans eux, combien de troubles et d'hésitations douloureuses il m'aurait fallu traverser. »

En 1856 l'Abbé m'écrivait :

« Votre excellent ami, M. Ampère, vient d'éprouver une joie bien vive. L'Académie française a dernièrement accordé le prix Bourdin aux deux derniers volumes des œuvres posthumes de notre cher M. Ozanam. Je ne doute pas que son bon cœur n'ait joui de ce retour de gloire sur une mémoire tant aimée avec plus de douceur que si elle eût été sa propre gloire. »

Trois semaines après l'arrivée de votre frère sa physionomie se transformait, ses forces semblaient renaître. Le soir, après le dîner, il se mettait au piano, et, sans savoir une seule note de musique, jouait avec des doigts parfaitement agiles et un sentiment rare les œuvres des grands maîtres. Malgré le plaisir qu'il nous causait, nous l'arrêtions souvent, craignant la fatigue d'une animation trop vive. Se reposant alors, il prenait un crayon, des pinceaux, s'installait à côté de nos tapisseries et, tout en se mêlant à la conversation, confectionnait pour Madeleine un petit village en carton, taillant, coloriant des maisons, des pignons, découpant des clochers, des rosaces gothiques ou flamboyantes. Après les monuments, apparaissaient les animaux domestiques, chiens et chats, bœufs sous le joug ou mulets espagnols ; puis enfin, le hameau se peuplait d'habitants spirituellement caractérisés d'un trait : c'étaient le voisin et la voisine sur la place de l'Église, maître d'école et gamins suivant le seigneur du château, le bedeau et monsieur le curé, gras et fleuri, portant culotte et lunettes, complété d'un ventre formidable : « Mon portrait, affirmait l'artiste, quand je sortirai d'ici, traité comme un coq en pâte. » Ce joli joujou, amusant et drôle, est passé aujourd'hui à l'état de relique.

« Vous rappelez-vous madame, disait l'habile architecte, qu'à Rome, en entrant dans votre salon, ayant salué Madeleine d'un cérémonieux *bonjour, Mademoiselle*, elle reprit avec toute la vivacité de ses quatre ans : « — Monsieur, on me dit *Mademoiselle* quand je suis méchante : appelez-moi *mon chou*. » Et cet autre jour où je la trouvai grimpée sur un monceau de tabourets, les bras en l'air, devant la bibliothèque, essayant d'atteindre un livre plus gros qu'elle. « Malheureuse enfant, que faites-vous? m'écriai-je, en allant à son secours. — Laissez-moi, monsieur le curé, je cherche le gros Bouillet pour donner des idées à Ampère qui ne sait plus d'histoires. » Riant encore à ce propos, il ajouta : « Alors je faisais des cocottes et des bateaux à la chère fillette, comme à présent je lui construis un village, malgré son âge respectable. »

Ces retours sur les commencements de notre liaison ramenaient plus d'un souvenir émouvant. Il prononçait le nom de Mme Louise [1], répétait ses en-

---

1. Mme G..., la mère de Madeleine.

tretiens avec elle, les impressions qu'il en garderait toujours. « Je suis heureux de penser, disait-il, que son âme angélique s'entendait en Dieu avec celle d'un pauvre prêtre comme moi, et que nous priions ensemble pour le bonheur éternel de ceux que nous aimions sur la terre. »

A la date de 1858, quelques mots adressés en Italie à notre fille rappellent cette touchante et commune préoccupation.

Paris, 1858.

« Madame,

« Je dois une lettre à votre excellent et admirable ami, M. Ampère, pour l'envoi de son *César*, qui m'a causé un indicible plaisir d'esprit. Mais M. Ampère ne veut pas de ma lettre, et il me fait savoir par Mme Ozanam que c'est à vous que je ferai d'abord mes compliments, et votre cœur d'amie saura les accueillir. Le livre de César est varié, vivant, étincelant de vérité, d'esprit, de verve: après César, c'est à M. Ampère qu'il ressemble! Savant comme lui, dans une allure si facile, si aimable, si tempérée par la bonne grâce, qu'on s'y instruit sans le savoir. Vous sentez tout ceci mieux que moi, madame, mais vous me pardonnez de ne m'être pas résigné si vite au silence auquel semblait me condamner notre excellent ami. Ses lettres ont apporté à votre égard bien des alternatives de bon espoir, d'inquiétude et de contentement.

« La joie l'a emporté, Dieu merci!
Nous vous savons mieux portante en
ce moment et, par conséquent, je vois
refleurir autour de vous cette fleur
de bonheur, toujours frêle et chétive
en ce monde et que les inquiétudes
ont fait si souvent pâlir. C'est toute
une affaire, madame, que d'être aimée
comme vous l'êtes ; on est respon-
sable du bonheur de plusieurs : c'est
une *charge d'âme* comme une autre.
Prenez bon courage et ayez bon espoir ;
tant de tendresse de la part de ceux
qui vous entourent ne peut manquer
de toucher le cœur de Dieu, et je sais
par expérience qu'on peut être guéri
par cette force-là ; je crois que je
serais mort il y a quatre ans, si mes
bons parents et de tendres amis d'enfance, à force de m'aimer et de prier

pour moi, ne m'avaient retenu en ce monde, presque au jour le jour. On n'a jamais foi que dans les puissances extérieures; les âmes en font cependant bien d'autres!

« J'aurais voulu confier à M. D... un ou deux petits volumes pour vous être remis : particulièrement des méditations sur le Chemin de la Croix; mais il est parti sans me voir et je crains que mon livre ne vaille pas le prix de son *importation*. J'ai eu le bonheur d'avoir pu, entre deux maladies, commencer l'exercice du saint ministère; je fais des catéchismes; le catéchisme, madame, est au fond ma passion dominante. Rien n'est beau comme l'entrée de la lumière divine dans une âme virginale de douze ans. J'ai eu les enfants les plus

riches de Paris, à la paroisse Sainte-
Clotilde, et les plus pauvres au fau-
bourg Saint-Antoine, où je dirige un
patronage de jeunes ouvriers. Dieu
est admirable des deux côtés; invo-
lontairement, j'ai bien mes préfé-
rences et il y a, dans mes petits ouvriers, des ressources, des étonne-
ments, un je ne sais quoi de naïf,
d'imprévu, de frais, que le monde a
déjà frotté et comme terni dans mes
petits riches. Hélas! que cela est dé-
licat et fragile. Quoi! il me faut déjà
finir? —

« Adieu, madame, permettez-moi
de prier pour vous, pour vos chers et
excellents parents, auxquels j'envoie
le souvenir vivant de ma reconnaissance, pour tout ce que vous aimez,
pour tout ce qui occupe et préoccupe

nos deux âmes, pour tout ce que Dieu nous a promis et qu'il saura bien nous donner !

« Je suis votre très respectueux,

« HENRY PERREYVE ».

Une année plus tard, quand le malheur est consommé, l'Abbé, fidèle à de saintes promesses, confie à M. Ampère les derniers souhaits d'une malade.

« Je tiens donc, écrit-il, que c'est elle qui vous parle aujourd'hui par moi. Elle vous veut chrétien, tout à fait chrétien, comme il faut l'être pour trouver réellement de la force et du secours dans le cœur de Jésus-Christ, comme il faut l'être pour avoir le droit de compter à la mort sur le baiser de paix du Seigneur. . . . »

Et plus loin il écrit : « Vous dites que vous la croyez heureuse, j'ose dire aussi que cela est certain, car je connaissais l'élan de sa belle âme vers Dieu. Elle y tendait tout naturellement et voulait y mener avec elle tout ce qu'elle aimait.

« Je vous ai dit qu'un soir, au milieu d'une réunion fort gaie et fort insouciante de jeunes artistes, elle me parla de sa mort et me recommanda très spécialement deux âmes pour le salut desquelles, disait cette admirable femme, j'accepte volontiers de souffrir. L'une d'elles était la belle âme de son père, et j'ai bien souvent prié pour lui; l'autre, c'était vous, monsieur. Il faudra bien que vous me permettiez de ne pas mépriser une telle commission, d'autant que depuis le jour où elle me fut donnée, je n'ai point revu celle qui parlait, et que ses paroles ont revêtu maintenant, dans ma mémoire, le caractère sacré que la mort donne aux choses ! . . . .

. . . . »

Votre frère venant à Versailles m'accompagnait à l'orphelinat de Montreuil, établi par Mme Porst. En ce lieu il parlait aux petites filles et, sur le seuil de cette pieuse retraite, l'Abbé m'engageait à m'occuper des malheureux enfants abandonnés. Ingénieux à relever les cœurs, à donner du courage aux poltrons, à rendre active la bonne volonté, il m'écrivait à la suite d'une de ses visites : « Bonne madame C..., je remercie Dieu du secours de cette amitié tendre et charmante qu'il a mis près de vos douleurs, pour les alléger en les partageant.

« Ce grand et noble cœur d'Ampère, que j'ai eu de joie à le sentir se rapprocher du vôtre. J'espère qu'il vous aura dit notre conversation du Luxembourg, toute employée à retrouver la mémoire du passé. Trouvez-vous aussi quelque soutien dans les lectures que j'ai pris la liberté de vous indiquer?

« La seule manière vraiment profitable de faire ces lectures serait d'y ajouter la méditation. Je voudrais donc que vous vous fissiez quelque violence à cet égard. Il est étonnant combien vous puiseriez de consolations et de force dans cette demi-heure de réflexion solitaire en compagnie de

Dieu. Vos regrets seront moins amers, vos découragements se tourneront au service des pauvres.

« Il est incroyable, madame, ce qu'une nature active, intelligente, aimante et généreuse peut faire de bien en ce monde, en peu d'années. Que d'âmes veulent faire ce bien qui ne savent et ne peuvent pas, soit que Dieu leur ait refusé les instruments principaux d'une charité facile, à savoir le temps et la fortune, soit qu'il ne leur ait pas accordé les dons spirituels nécessaires pour organiser de bonnes œuvres durables et les diriger. Mais vous, madame, vous avez entre les mains tous les instruments d'un grand bien à accomplir ; aussi je voudrais vous persuader de ne plus vous contenter de donner aux pauvres et aux fondations charitables. Mais, c'est vous-même que je voudrais donner aux bonnes œuvres; vous, madame, votre cœur, votre parole, votre activité, votre temps, ces heures qui seront si souvent vides et tristes si vous ne les remplissez pas de l'amour de Dieu et de l'amour des pauvres. Ah! si vous pouviez, après avoir choisi le lieu ordinaire de votre séjour, fonder là un établissement, soit un petit orphelinat, soit une salle d'asile et en prendre sur vous la *direction,* non pas la direction continuelle et dans le détail, mais au moins la surveillance générale, en sorte que cette maison fût vraiment la vôtre, ces enfants, vos enfants; leurs affaires, vos affaires. Je suis certain, madame, que cette grande et belle occupation de faire du bien aux enfants de Dieu et de remplir ainsi exactement les désirs de votre pieuse fille fournirait à votre vie un élément digne d'elle... Pensez-y, chère madame. »

Bien souvent encore, cet hiver, l'Abbé revint avec persévérance sur cette idée d'établissement charitable.

Voulant aplanir les obstacles, il promettait le concours de ses efforts en réclamant le titre d'aumônier de cette humble fondation [1].

---

1. Ce projet s'est réalisé en 1870, dans les environs du château de Stors. Grâce au dévouement des sœurs de la Sainte-Famille, cette petite maison prospère et les enfants du village de Mériel se moralisent.

II

Rome, toujours Rome, revenait dans nos entretiens.

Je lui remémorais sa joie, le jour de son ordination de sous-diacre à Saint-Jean-de-Latran, ses effusions si vives, si pures, qui le poussaient à embrasser tous ceux qu'il rencontrait, même sa *padrona di casa*, la vieille Mme Tucci stupéfaite d'une aubaine à laquelle personne ne l'avait habituée jusque-là. Contents d'évoquer ensemble les mêmes souvenirs, nous aimions à retrouver M. Ampère à Rome, plus heureux là encore par ses affections que par l'intérêt inépuisable de ses études. Je racontais la sympathie que lui, Perreyve, avait inspirée tout d'un coup à notre ami, sympathie changée si vite en tendresse véritable, en estime sérieuse qui s'épanchait dans notre intimité. M. Ampère se connaissait en hommes, il en avait tant vus, tant observés. Quelques mois après sa rencontre avec l'abbé Perreyve, il répétait. « Quelle belle âme! quelle belle intelligence ! Ce jeune homme que je vois souvent traiter en enfant dans la famille Ozanam sera tout simplement un jour l'honneur du clergé français. » Il ne se trompait pas.

Votre frère recevait des lettres de jeunes gens, elles faisaient couler ses larmes ; ces jeunes gens étaient pour la plupart des élèves de Saint-Louis et de Sainte-Barbe ; prêchant devant cet auditoire difficile entre tous à captiver, à conquérir, il eut un succès inattendu, incroyable, oublié depuis longtemps parmi les aumôniers de collèges. Les circonstances qui accompagnèrent son début à Sainte-Barbe, vous les connaissez, et ne m'en voudrez pas de les rappeler ici. En 1862, le directeur du collège, au commencement du carême, pria instamment l'abbé Perreyve de vouloir bien donner une conférence tous les quinze jours seulement, le dimanche matin, aux élèves de l'école préparatoire. Ceux-ci éprouvèrent un très vif désappointement à l'idée de voir leur sortie retardée d'une demi-heure pour aller écouter un sermon. Contraints et forcés, il se rendirent à la chapelle bien résolus à ne pas épargner les critiques à celui qui monterait en chaire. Mais aux premières paroles du prêtre l'attention de ces garçons de mauvaise humeur s'éveilla, à l'intérêt succédèrent l'émotion, l'enthousiasme. Ils venaient de reconnaître un ami, un cœur qui devinait et pénétrait leur cœur. Deux jours après avoir entendu le prédicateur, les élèves du grand collège écrivaient au préfet des études :

« Monsieur le préfet, les élèves du

grand collège vous prient de remercier M. l'abbé Perreyve des belles et bonnes paroles qu'il leur a fait entendre dimanche dernier ; peuvent-ils mieux lui témoigner leur gratitude qu'en lui demandant de renouveler tous les huit jours, à Sainte-Barbe, des conférences auxquelles ils prennent un si vif intérêt ? Peut-être que la santé et les travaux de M. l'abbé Perreyve ne lui permettront pas d'accéder à nos désirs. Quoi qu'il arrive, il n'aura pas moins le droit de compter sur la reconnaissance que lui assurent de notre part et son dévouement et cette parole si remarquable, si sympathique à la jeunesse.

« Fait à Sainte-Barbe ce mardi 11 mars 1862. » (Suivaient les signatures.)

A.-Paul-Henry Perreyve demeurait

inconsolable d'avoir quitté cette chère
jeunesse de laquelle il attendait tout.
Heureux des aspirations religieuses
que sa parole et ses conseils avaient
provoquées, heureux des sentiments
d'honneur et de justice qu'il avait vus
se développer et grandir sous sa direction, l'obligation d'abandonner une
tâche si fructueusement commencée
le trouvait sans force. En nous lisant
quelques passages de lettres qui
renouvelaient tant d'amers regrets, il
s'écriait : « Qu'est-ce donc que les sacrifices que Dieu demande au sacer-
doce, comparés aux bonheurs immenses, inconnus que sa miséricorde
lui réserve. Ramener une âme à la
lumière, c'est une joie qui n'est pas
de la terre. »

Oui, sa plus tendre, sa plus ardente

sollicitude eut pour objets ceux qu'il appelait ses enfants[1] ; malgré l'exercice de son saint ministère, de ses devoirs de prédicateur, d'aumônier, de professeur en Sorbonne, l'abbé savait se ménager quelques heures de loisir, afin d'offrir aux élèves une distraction toujours enviable ; par exemple, chaque dimanche il engageait plusieurs élèves à déjeuner, leur fournissant ainsi l'occasion de se mieux connaître, d'aimer leur maître davantage et d'apprendre, en écou-

---

1. En 1864, l'Abbé, arrivé presque à l'extrémité de l'épuisement physique, disait au père Gratry : « Je refuse absolument tout cette année ; quant aux conférences de Sainte-Barbe, si l'on me prévenait qu'elles doivent me tuer le lendemain de la dernière, j'accepterais avec d'autant plus d'empressement. Tout sous-officier fait de même lorsqu'il reçoit un ordre dangereux. »

tant causer des hommes distingués, ce que les meilleurs et les plus savants écoliers ne devinent pas sur les bancs du collège. C'était, bien entendu, à qui serait invité; chacun enviait cet honneur qui devenait vite un plaisir. L'amphitryon avait cherché et préparé d'avance des sujets d'entretien et de méditation.

Parfois il conviait à ces réunions M. Ampère. « Comment vous exprimer, monsieur, écrivait l'Abbé, la joie et la fierté de six ou huit jeunes gens auxquels j'ai fait connaître qu'ils auraient l'honneur de se trouver dimanche prochain avec vous? Je ne reçois que des lettres d'actions de grâce. Mais qu'arriverait-il si vous ne veniez pas?

«Vraiment je crois que je me sauverais de chez moi. J'irais hors Paris, et laisserais Théodore recevoir mes invités et leurs injures... Oui, mais ceci est le mauvais rêve, le cauchemar; tandis que le réel, le solide, c'est votre indulgence et votre bonté. N'est-ce pas, cher monsieur, que vous viendrez dimanche prochain à onze heures rue de la Chaise, 14?

« Vous voyez bien que je parle de vous comme l'avare de son trésor, mais il y a plus, je me souviens d'avoir entendu lecture d'un admirable fragment d'Alexandre, qui m'a paru contenir une très grande et belle leçon de philosophie morale : je parle du jeune Alexandre domptant Bucéphale. Nous avons tous, tant que nous sommes, un animal indompté à vaincre en nous, ce n'est pas toujours un noble Bucéphale ; mais il suffit d'un âne rétif pour casser le cou de son maître. C'est donc une bonne leçon à nous donner, à nous surtout jeunes gens, que de nous lire votre beau fragment, vraiment y consentiriez-vous? Songez, monsieur, qu'on parlerait de ceci dans tout le collège pendant longtemps, et, ce qui vaut mieux encore, que le souvenir de votre aimable bonté envers de très jeunes hommes resterait dans les mémoires comme un exemple salutaire et un noble encouragement!

« Je laisse tout ceci à votre générosité ; il n'y a qu'une chose que je ne vous laisse pas, c'est *vous-même* : celle-là, je n'y renonce à aucun prix et je renonce à tout pour l'avoir, même à Alexandre !... »

Toujours enchanté de se rapprocher de la jeunesse, Ampère n'aurait eu garde de manquer aux réceptions de l'Abbé.

En revenant, il ne tarissait pas sur l'art exquis de cette maîtresse de maison en soutane, qui faisait dans son petit salon des merveilles d'hospitalité, mettant tout le monde à l'aise, en valeur, avec une chaleureuse cordialité qui se communiquait et ouvrait tous les cœurs.

Au milieu de ce cercle pieux, l'historien de Rome était écouté avec enthousiasme. Il parlait philosophie, littérature, histoire, théologie et de mille autres choses. Tout abondait dans cette causerie unique où l'instruction se présentait sous une forme si nouvelle et si séduisante.

Assis à table à côté de ces messieurs, le jour de la lecture demandée, notre ami, dans l'entraînement de la conversation, poursuivant le cours de ses idées, allait citer un fait qui n'était pas à l'honneur du protestantisme ; en ce moment de sa narration, l'Abbé, sans motif apparent, détourne doucement, avec un tact parfait, l'attention du conteur, assez étonné.

Quelques instants plus tard Ampère avait compris, car l'abbé venait de lui présenter un de ses convives, élève de l'École polytechnique, *protestant* lui-même.

Cette preuve de tolérance délicate laissa dans l'esprit de Jean-Jacques un souvenir qui ne s'effaça pas.

De son côté, l'Abbé m'écrivait :

« Chère et indulgente madame, veuillez dire à votre admirable bénédictin qu'on parle encore à Sainte-Barbe de l'aimable bonté qu'il a eue d'accepter à déjeuner chez moi ; on me remerciera longtemps de cette réunion dont il a été tout le charme.

« Mille fois merci de ce portrait[1], je veux le garder près de moi ; sa vue me fortifiera aux heures d'épreuve, elle me rappellera que nous ne sommes pas ici dans la cité du bonheur et du repos, mais dans celle de l'attente et de l'espérance. Je consulterai souvent du regard celle qui nous a quittés. Dernièrement, lisant la doctrine spirituelle de Bossuet, il me semblait l'entendre commenter par une voix

1. Portrait de la mère de Madeleine.

angélique, dont je me souvenais d'avoir aimé l'accent. Comment ne vivrais-je pas avec vous de cœur après de tels souvenirs?

« Des circonstances graves m'obligent à passer le plus tôt possible ma thèse de docteur en théologie à la Sorbonne.

« J'imprime cette thèse, mes vacances ont été pleines de ce travail considérable et trop précipité. Je suis revenu de mon triste voyage de Sorèze sans beaucoup d'espoir. Je voudrais y retourner bientôt[1]. »

Entraînée par la lecture des lettres de votre frère, éparses sous mes yeux, pardonnez-moi d'y choisir à

1. A Sorèze, l'état de santé du Père Lacordaire donnait les plus vives inquiétudes.

présent, sans suite, les passages qui me touchent le plus. Je vous les copierai tout entières, avec ordre, ces pages aimables et graves[1], sachant le prix de pareils trésors.

Revenons à mes souvenirs de Pau. La nuit de Noël l'abbé Perreyve voulut dire trois messes dans la modeste chapelle d'un pensionnat de jeunes filles, chez Mme Bernay.

Ce fut là, à une heure du matin, devant cette humble assistance, au pied d'un autel dépouillé d'ornements, que le prédicateur illustre devait pour la dernière fois, sous la voûte d'un sanctuaire, s'adresser aux fidèles.

Il parla de Jésus avec tant d'a-

---

1. Une partie de cette correspondance, bientôt livrée à Mlle Perreyve, a été publiée par elle.

4

mour et de grâce, qu'à l'aurore de
cette belle journée, toutes ces petites
filles, émues et reconnaissantes, com-
mencèrent immédiatement une neu-
vaine pour celui qu'elles venaient
d'entendre.

Huit jours après, le matin du premier janvier, avant le déjeuner de famille qui devait précéder la distribu-
tion des étrennes, l'Abbé se plaisait
à arranger lui-même, avec un goût et
une élégance toute féminine, l'étalage
des cadeaux ; posant les robes de
poupées à côté des guignols, des
pantins, des livres et des moutons bê-
lants ; ornant de faveurs roses les
boîtes de bonbons, les paquèts mysté-
rieux dont l'aspect seul devait réjouir
ceux qui les recevraient. Ces préparatifs terminés, en attendant l'invasion

des enfants sur cette terre promise,
l'Abbé, décidé à ne rien perdre des
premiers éclats de leur joie, se cacha
derrière un rideau.....

A son tour, il reçut ses étrennes ;
jamais plus simple hommage n'excita
autant de reconnaissance et de remer-
ciements.

Au commencement de son séjour
en Béarn, l'inaction et le repos semblaient quelquefois le consumer plus
que les veilles et le travail.

Il enviait la vie si remplie de ses
chers oratoriens et l'activité de leur
dévouement.

Je pouvais parler avec lui du Père
Gratry, de ces messieurs, Adolphe et
Charles Perraud ; j'appris bien vite le
nom de l'abbé Bernard.

En racontant avec enthousiasme

les œuvres nombreuses du Père Lacordaire, il se désolait de son impuis-
sance présente et s'accusait de trahir
ainsi les espérances de son bien-aimé
maître. « Qu'il me serait salutaire,
répétait-il, de faire un peu de bien,
d'agir, d'être utile ! »

Patience ! répondaient ses amis ; *le
bien,* vous le savez mieux que personne, se dispense sous toutes les for-
mes. Votre nature, bonne et compatis-
sante, calme dans cet intérieur plus
d'une blessure profonde ; votre foi si
haute, si simple, rapproche les âmes
de Dieu, et votre libéralisme éclairé
fait plus d'une conquête au catholi-
cisme. — J'aurais pu ajouter que son
esprit, son indulgence inaltérable,
sans préjudice de sa sincérité, faisaient de lui, au profit de la reli-

gion, le plus militant des charmeurs.

Le sacrifice de la prédication, absolument indispensable à l'état de son larynx, lui coûta cher à Pau ; exposé à des sollicitations persévérantes, il dut toujours résister et se taire. Mais à cette rude épreuve, la Providence réservait des consolations imprévues : dans notre intimité même, il trouva l'occasion d'exercer sa charité auprès d'une malade de 20 ans. Mlle Marie R..., prise violemment d'une affection de poitrine, nous avait été recommandée par M. Barthélemy Saint-Hilaire, un de nos bons amis ; cette personne, intéressante à beaucoup de titres, orpheline de mère, supportait avec un courage remarquable les souffrances, les privations imposées à sa jeunesse. La pauvre enfant, rendant à M. et à

Mme C... la tendresse qu'elle leur inspirait, comptait au nombre de ses distractions les plus agréables la journée qu'il lui était permis de venir passer chaque semaine à la villa d'Albret.

Notre hôte attira vite son attention. Elle l'écoutait avec étonnement.

Un matin, Marie, s'appuyant sur mon bras pour faire le tour de la terrasse, me dit :

« Chère madame C..., je vais vous paraître bien ambitieuse, mais cet abbé Perreyve est si bon, si indulgent, je trouve ses sentiments si élevés, que je voudrais obtenir de lui quelques instants d'entretien. A lui seul, peut-être, oserais-je adresser certaines questions, confesser mon ignorance. Cette religion catholique qui devrait être la mienne, je ne la connais pas. »

Ce désir légitime porta ses fruits. L'Abbé, oubliant les prescriptions du médecin, consacra à Marie tous les moments qu'elle-même pouvait disputer à la maladie. Rien de plus frappant, de plus édifiant, que ces conversations dont la recherche et les preuves des vérités chrétiennes étaient le sujet. Ces deux jeunes gens, prédestinés à des jours si courts, semblaient avoir été particulièrement créés pour les bonheurs de la vie ; luttant incessamment contre une douleur physique ou morale, ils s'essayaient, en parlant du ciel, à se familiariser avec l'idée de la mort et des suprêmes sacrifices. Heureusement ce triste horizon s'éclaircissait et l'espérance ramenait la confiance.

J'avais offert à notre cher Abbé un beau rochet de guipure auquel j'attachais un pieux souvenir. Dans notre salon, à Pau, se trouve la copie d'un portrait de Bossuet, revêtu de ses ornements pontificaux; le plaisir du jeune prêtre, en comparant ses dentelles à celles de l'illustre évêque, fut si expansif, qu'il mit, ôta et remit maintes fois son rochet par-dessus sa soutane, assurant qu'il lui porterait bonheur et le rendrait éloquent. « Ah! « mon Dieu, quand me permettrez- « vous de m'en couvrir en chaire, « devant mes amis de la Sorbonne ou « de Sainte-Barbe ? » ajoutait. l'Abbé. « — Bientôt, j'en suis sûre, répondit Marie, témoin souriant de cette petite scène; bientôt, j'en ai le

pressentiment, répéta-t-elle, croyez-
moi; en attendant, prenez ici l'en-
gagement de vous parer de cette
belle guipure le jour où vous béni-
rez mon mariage, car plus tard, qui
sait, si nos destinées se rencontrent
encore, peut-être réclamerai-je un
ami pour ce grand jour. Ah! si je
guérissais! » — Bien entendu, l'en-
gagement fut pris; quelle émotion
faisait naître l'idée d'un pareil rendez-vous, ces élans joyeux, ces pro-
jets d'avenir si naturels à leur âge!
Marie R... devait succomber la première. . . . .

Notre petite fille Madeleine tou-
chait alors à ses onze ans; déjà on la
préparait à sa première communion;
l'Abbé voulut aussi lui donner quelques leçons; à ces leçons il joignit

une prière écrite par lui sur un livre
d'heures le 31 décembre ; rares
étrennes, don précieux, faits pour
éclairer et guider toute une exis-
tence :

Prière. — « Je remets, Seigneur,
en ce moment, plus que jamais, mon
esprit, mon cœur, ma vie tout entière
en vos mains, vous priant de tout dis-
poser en moi pour le grand jour de
votre arrivée.

« Éclairez mon intelligence, afin
qu'elle reçoive plus docilement les
saintes clartés de la foi ; bénissez ma
mémoire pour que rien ne soit perdu
des enseignements qui lui sont con-
fiés ; bénissez mes réflexions afin
qu'elles soient justes et que je commence non seulement à connaître,

mais à comprendre votre admirable doctrine.

« Purifiez mon cœur, n'y laissez rien qui rappelle les faiblesses de l'enfance et les défauts qui doivent disparaître à l'approche de votre divine personne.

« Rendez-moi humble, modeste, charitable, prête à excuser les travers des autres, soumise envers mes supérieurs, indulgente envers les petits, douce et réservée comme il convient à une jeune chrétienne; et cependant, Seigneur, fortifiez ma volonté, accordez-moi le grand don d'une fermeté raisonnable dans le bien, et d'une conscience invincible dans le sentiment de la justice et dans l'accomplissement du devoir.

« La douceur que vous aimez n'a

rien de commun avec la faiblesse. Je suis souvent faible, sans être douce; donnez-moi la vraie douceur dans la vraie force.

« Donnez-moi une grande pureté de cœur, la délicatesse de la conscience sans les scrupules, la simplicité sans l'imprudence, la prudence sans les vains soupçons.

« Défendez-moi du mal que j'ignore et mettez entre lui et moi l'aile de vos anges. Éloignez de moi pour toujours les joies qui éloignent de vous, et que plus tard il faut pleurer.

« Dirigez toute ma vie dans le sens de vos volontés saintes, multipliez sous mes pas les occasions du dévouement et du sacrifice. Si c'est le bonheur que je dois connaître, sanctifiez mon bonheur, et dans l'heure inévi-

table des difficultés et des épreuves,
faites-moi vous-même un courage à
la hauteur de vos desseins.

« Entourez-moi longtemps de la
protection de ceux qui m'aiment.
Conservez-moi leurs conseils, leur
tendresse, leur appui. Quant à celle
qui est au ciel et veille sur moi,
donnez-moi la continuelle présence
de ses exemples et de son souvenir.

« Bénissez mes grands jours : celui
de ma première communion, celui
qui décidera de ma destinée, celui
de ma mort. J'ai pleuré comme tous
les enfants des hommes en entrant
dans ce monde; donnez-moi la grâce,
le moment venu, de sourire en paix
à l'approche de votre bienheureuse
éternité. Amen !

« A Madeleine, souvenir d'un ami
« de son enfance.

« Henry Perreyve. »

Chacun sait à quel point notre
cher Abbé était peu soigneux de sa
santé. Faire céder son esprit aux
exigences de son corps lui paraissait
impossible. « Je serais peut-être ca-
« pable, disait-il, de supporter les
« grandes crises, mais cette occupa-
« tion incessante de mes misères de
« tous les jours dépasse mes forces. »
Sa volonté énergique et prompte
n'admettait donc, en aucune façon,
ces condescendances indispensables
à une constitution aussi délicate que
la sienne.

M. C.... éprouvait pour ce jeune
homme quelque chose comme une

tendresse paternelle ; sa sollicitude silencieuse ne le perdait pas de vue un moment ; surveillant son régime sans en avoir l'air, il réservait ses remontrances sérieuses pour le moment des imprudences flagrantes.

« Un soir, en dépit de ses argus et d'une pluie froide, notre indocile malade s'esquive pour aller reconduire le Père de Labastie ; mon mari, convaincu du délit, court sur ses pas, ne peut l'atteindre, et rentre au salon, furieux, frappant du pied, en s'écriant : « Animal d'Abbé ! affreux « animal ! Il vient de m'échapper ! » Ce genre d'exclamation, peu habituelle au maître de la maison, avait étonné ceux qui venaient de l'entendre. L'Abbé reparut bientôt. Après ce petit mouvement de colère, le calme de M. C.... était revenu ; il se taisait, tâchant de cacher son inquiétude. « Ah! dit alors en riant un ami qui se trouvait là, M. l'Abbé ne se doute guère de quelle épithète son nom vient d'être précédé. « — Quoi donc ? » reprit le coupable, désarmant les grondeurs de toute la bonté de son regard ? On lui raconte l'indignation qui avait amené l'injure. Touché du sentiment que révélait cette énergique apostrophe, votre frère ouvre les bras, s'avance vers son hôte, lui demande la permission de l'embrasser, en disant : « Pardon, pardon, je ne le ferai plus. » Ces deux hommes, serrés l'un contre l'autre, étaient profondément émus.

Pour la nature de l'abbé Perreyve, les douceurs d'un intérieur intime

devenaient un impérieux besoin.
Quand la fatigue le retenait au coin
du feu et qu'il voulait bien se laisser
soigner un peu, nous causions de ses
œuvres, particulièrement de sa journée des malades, du bien que ce
livre avait fait, qu'il ferait encore,
des encouragements qu'on y trouvait.

« Ah! ce que vous me dites là me
rend bien heureux. Mais, chère madame C...., croiriez-vous que celui
qui passe une partie de sa vie à sou-
tenir les âmes, après l'accomplissement de ses devoirs de prêtre, se
sent faible comme un enfant contre
la solitude et l'absence des siens?
Oui, il me faut, à moi, pour renouveler
mes forces et me rendre tout facile,
l'amour de la famille et les rapports
de l'amitié. »

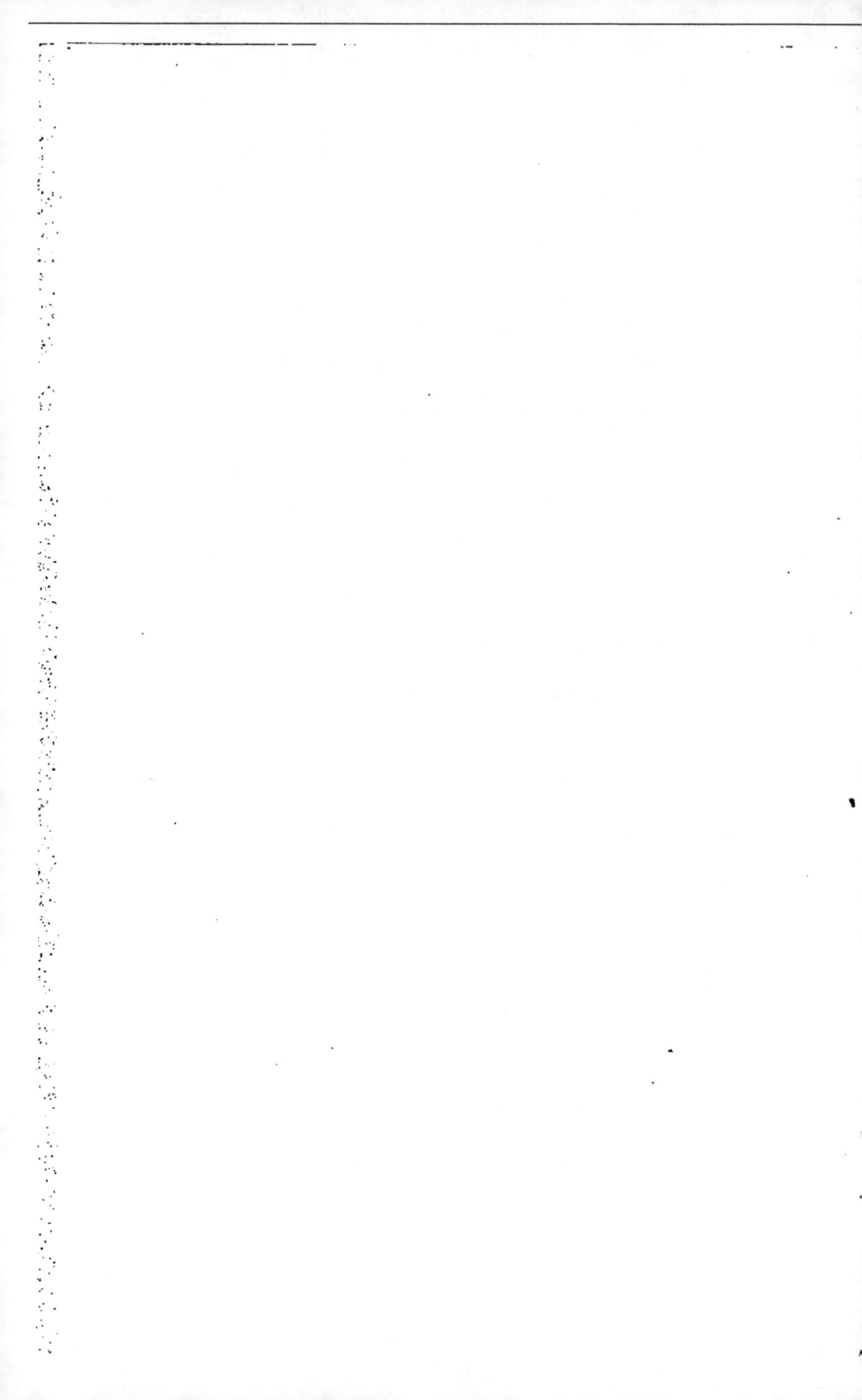

III

A la fin de février, l'affection cruelle
de l'abbé sembla se restreindre un peu
du côté de la poitrine ; le médecin
constatait ce changement favorable,
quand tout à coup, le mal se porta
violemment sur un autre organe.
Cette nouvelle complication ne l'em-
pêcha pas de travailler assidument à

une œuvre épique intitulée : *la Pologne de 1772 à 1865.*

L'Italie, l'Angleterre et la France
voyaient alors arriver en foule des
Polonais mourants de faim, presque
tous blessés, épuisés par les efforts
d'une lutte cent fois inégale. A Pau,
nous étions entourés d'exilés appar-
tenant à toutes les classes ; les uns
tombés dans un état de détresse dont
aucune créature humaine ne peut se
relever sans aide, les autres portant
des noms illustres aussi distingués par
l'esprit et la science que par la naissance. Dans ces intérieurs aristocra-
tiques on s'occupait activement des
compatriotes indigents ; mais, grâce à
la confiscation des fortunes, les ressources étaient bornées.

Votre frère, ne pouvant monter en

chaire pour évoquer la charité publique, eut l'idée de publier un volume au bénéfice des pauvres Polonais[1].

Je le vois encore assis en face d'un cercle intime; je l'entends lisant d'une voix vibrante et toujours belle, à l'assistance recueillie, ces dernières pages écrites au prix de ses dernières forces.

Dans ces pages où s'épanche, en paroles évangéliques, l'amour des opprimés et de la justice, il exhorte les Polonaises à former leur intelligence par des lectures saines, des études sérieuses. «Pour elles, dit-il, la politique touche aux intérêts les plus

1. De son côté, l'abbé Adolphe Perraud, prêtre de l'Oratoire à Paris, faisait en faveur des réfugiés des prodiges de dévouement.

sacrés de la vie, à la religion, à la famille, à la destinée des hommes; le cœur, ajoute-t-il, est d'autant plus capable de belles entreprises qu'il est soutenu par une raison plus droite et plus énergique. »

Je veux répéter ici quelques fragments d'un chapitre adressé aux mères polonaises, c'est-à-dire aux mères de tous les pays : « Quelle société florissante et fière de son influence aujourd'hui est sûre du lendemain? et quelle femme charmante gâtée par la fortune et le monde n'a besoin de s'arrêter un instant, au milieu de sa course étourdissante, pour écouter la grande voix du devoir? »

« Veut-on savoir, disait l'Abbé, ce qui fait une nation? C'est le cœur des mères, des sœurs, des fiancées. Don-

nez à un peuple de fortes et coura-
geuses mères et l'on répond de ce
peuple.

« L'antiquité même le savait ; et
voilà pourquoi les plus célèbres cités,
très attachées à leur gloire, très
jalouses de posséder dans leur sein
d'intrépides héros, mettaient tous
leurs soins à former le courage des
femmes, persuadées que c'était le
seul moyen de voir grandir l'âme des
guerriers. Si Sparte le pensait ainsi,
combien plus doivent le penser les
chrétiens ! Jésus-Christ, venu pour tout
relever dans le monde, a relevé d'une
manière divine l'empire spirituel des
femmes et il leur a donné la puis-
sance de former vraiment les âmes,
de leur transmettre les premiers trésors nécessaires : Dieu, la loi morale,

la justice, la pureté et l'honneur.

« Il y a telles heures dans l'histoire
d'un peuple où le rôle des femmes
grandit tout à coup et prend une
importance particulière. La Pologne
traverse cette heure ; après le sublime
et suprême effort qui vient d'épuiser
toutes ses forces, elle est tombée san-
glante et désarmée sur les champs de
bataille. D'ici à longtemps il n'y a
plus à recommencer la lutte.

« Que feront les hommes de cette
nation, ceux qui ont survécu et ne
sont pas en Sibérie ? Une inaction
cruelle, un dangereux découragement
les attendent ; mauvais conseillers
après les grandes agitations. Ils ren-
treront sombres et désœuvrés au foyer
domestique et se demanderont à quoi
bon la vie ? c'est le cœur de l'épouse

qui doit répondre. Il faut que ce cœur soit assez généreux pour porter, outre ses propres angoisses, celles du citoyen désolé, du politique découragé, du soldat vaincu.

« Et les enfants, que deviendront-ils ? qui saura tout à la fois élever, calmer leur âme et la sauver des deux écueils contraires du désespoir et des rêves dangereux : c'est le cœur de la mère qui doit tout faire ; ne comptons que sur lui pour l'accomplissement de ces grands devoirs. Il faut à la femme Dieu d'abord et Dieu toujours, mais surtout, il lui faut Dieu dans le malheur, là est alors toute sa force qui ne lui vient plus de l'homme, plus abattu qu'elle-même par les revers. . . . .

« La nation polonaise aime le plaisir, elle semble faite pour lui ; elle a tous les charmes, toutes les ardeurs, toutes les faiblesses qui peuvent y entraîner.

« Oui, je le crois, beaucoup de pauvres Polonais sont amis du plaisir à force d'être las du malheur. . .

« Il faudra cependant, et elles le savent mieux que moi, il faudra que les femmes trouvent, pour ceux qu'elles aiment et pour elles, d'autres ressources contre l'ennui du malheur que l'étourdissement des fêtes, le bruit d'un orchestre et les vertiges d'un bal. . . . .

« Qu'elles prennent garde au jugement du monde ; le monde est à leur égard flatteur et impitoyable ; il a les mains chargées de fleurs et de pierres, tout prêt, dans la même heure, à enivrer ou à lapider ses victimes ; il est sévère pour les filles de la Pologne qu'il vante parfois pour des raisons qui sont des insultes. — Quel respect le monde gardera-t-il à leur infortune si elles ne savent pas d'abord la respecter elles-mêmes ? Il y a une fierté propre aux nobles malheurs et qu'il faut savoir porter, non seulement dans l'âme mais sur le front.... Polonaises, qu'une sainte gravité se voie donc habituellement dans votre vie, qu'un peu des voiles de deuil qui couvrent en ce moment le visage de la nation se retrouve jusque dans vos parures de fêtes.

« Je vous dirais volontiers avec Tertullien, parlant aux chrétiennes du IIᵉ siècle : « Pourquoi tant de dia-« mants et de fleurs ? Je crains que

« ces bras ornés de bracelets ne
« sachent plus supporter les chaînes ;
« je crains que sur ce cou, chargé de
« perles, il n'y ait plus de place pour
« le tranchant de l'épée. » Filles des
martyrs, pardonnez-moi ces paroles, etc., etc. »

A mesure que la lecture de votre
frère avançait, ses sentiments pas-
saient dans l'âme des auditeurs, sa
flamme gagnait comme un incendie ;
tous, en ce moment, nous voulions
devenir meilleurs. L'abbé cherchait
vainement à dissimuler sa fatigue ; il
toussait, s'essuyait le front ; mais on
ne pouvait ni l'arrêter, ni témoigner
sa sollicitude, car il aurait volontiers
répondu aux inquiets, ainsi que le
grand Ampère à son ami Brédin, en

circonstances analogues : « Ma santé, ma santé, il s'agit bien de ma santé ! Il ne doit être question ici que de vérités éternelles, des choses et des hommes qui ont été funestes ou utiles à l'humanité. »

Malgré les progrès trop visibles de sa faiblesse, le prêtre, aux approches des fêtes de Pâques, pensait incessamment aux jeunes gens qui l'attendaient à Paris. « Je leur appartiens, disait-il, je n'ai pas le droit de mourir loin d'eux; et d'ailleurs, madame, on ne meurt pas quand on a tant de devoirs à remplir, Dieu vous aide ; le mercredi saint je serai à Saint-Sulpice pour les entendre et les diriger. »

L'Abbé, avant de quitter le Béarn, aurait désiré ardemment donner la communion à Marie R...; mais la conscience timorée de notre jeune malade, plus sévère pour ses propres fautes que ne l'était le ministre de Dieu lui-même, ne se croyait pas digne encore de recevoir les sacrements ; regrettant la tiédeur de sa foi, elle voulait attendre, méditer, apprendre à prier, à aimer Jésus. Hélas! cette pauvre et chère créature ne devait-elle pas être bien sanctifiée par deux années de luttes, de souffrances et de résignation?

Depuis quelques jours seulement, l'état de l'Abbé avait pris un caractère aigu; sa maigreur, ses traits altérés, sa pâleur diaphane, son attitude penchée, contrastaient avec l'énergie croissante de sa volonté, énergie qui entretenait encore les illusions de son entourage. Mais lui, il mesurait sans doute la marche rapide des accidents redoutables, car, dans la première semaine d'avril, craignant de ne pouvoir plus bientôt sortir de son lit, il avançait presque d'heure en heure le moment de son retour à Paris. Tout entier alors aux préparatifs du départ, l'héroïque jeune homme voulut faire ses dernières visites, encourager les uns, consoler les autres, distribuant à tous de cordiales poignées de main en disant : « Au revoir !... »

Le samedi, veille des Rameaux, en dépit de la fièvre qui le consumait, debout de grand matin, allant, venant, agissant, réglant ses affaires, il écrivit six lettres d'adieux, qu'il me recommanda, offrit ses souvenirs aux gens de la maison, avec une bonté tendre, une grâce délicate qui les remplit

d'attendrissement et de reconnaissance ; il voulut choisir un joli châle
de barège destiné à sa chère Lucile ;
puis, se refusant obstinément à accepter la compagnie d'un serviteur
dévoué, l'Abbé monta vivement en
wagon, après avoir embrassé et ras-
suré tout le monde.

Le trajet de Pau à Paris fut horri-
blement pénible. Dix-huit heures
d'angoisses en chemin de fer ache-
vèrent d'épuiser son corps, mais non
pas sa vaillance. Il revit ses parents at-
terrés du changement de leur enfant.

En arrivant à la gare, oublieux de
ses souffrances, pour ne songer qu'à
l'inquiétude de ceux qu'il venait de
quitter, le pauvre malade s'empressa
d'expédier un télégramme qu'il trouva
le moyen de rendre affectueux. Des

lettres écrites de son lit nous parvinrent régulièrement jusqu'à la fin de notre séjour à Pau, elles ne disaient rien du danger qui le menaçait, mais en revanche, elles parlaient beaucoup et toujours de sa reconnaissance.

« Madame et excellente amie,

« Le changement de climat fera; je l'espère, une guérison, mais il a refusé de faire un miracle.

« Je vous écris de mon lit que je n'ai pas quitté depuis mon retour. Le voyage m'a inévitablement fatigué, et il a provoqué une crise qui sera, je crois, décisive *en bien*. J'ai toujours bon espoir d'un rétablissement prochain, et je me console des heures d'attente que je passe dans la chambre, en pensant à la maison paternelle d'Épinay et à cette autre maison paternelle qui est Stors.

« Ne m'oubliez, n'est-ce pas, auprès de personne. Vous ne sauriez croire à quel point j'ai peu quitté Pau. J'y vis par la pensée, pendant ces longues heures de réflexion qui me sont données.

« Si M. de Labastie est encore près de vous, je lui serre cordialement la main.

« Adieu, chère madame, je ne vous parle point de vos bontés, elles sont de cet ordre qui dépasse l'expression ordinaire de la reconnaissance.

« Tout ce que je trouve à vous dire dans ma pauvre tête malade, c'est que je vous aime, M. C.... et vous, du fond de l'âme et pour toujours.

« Je bénis tendrement Madeleine.

« HENRY PERREYVE. »

Paris, le 10 avril 1865.

« Madame et excellente amie,

« C'est toujours de mon lit que je vous écris. On voudrait triompher de ce petit mal qui résiste.

« Je persiste à penser que victoire restera au bon droit.

« Je pense que vous avez reçu les exemplaires de la Pologne. C'est pour moi une grande contrariété de ne pouvoir ici m'occuper de rien et c'est un chagrin que d'être couché pendant ces grandes fêtes de Pâques.

« Hier soir, j'ai fait apporter ici l'aube et le rochet ; il y a eu explosion d'admiration. On admire l'aube avec plus d'étonnement encore.

« Merci de tout cela, très chère madame, mais merci de bien plus encore !

« Pardonnez-moi le décousu de ce petit mot et veuillez agréer, ainsi que M. C..., l'hommage de mon tendre et profond respect.

« HENRY PERREYVE. »

Jeudi saint.

La veille de Pâques.

« Je veux absolument, chère dame et amie, qu'un petit mot de celui que vous avez comblé de vos bontés vous arrive dans ce grand jour de Pâques. Je n'aurai pas la joie de monter à l'autel ni d'assister à ces grands offices à Saint-Sulpice que j'aime tant, surtout en ces jours de fêtes solennelles. Je veux remplacer ce bonheur qui m'est refusé, en venant en esprit près de vous, vous dire encore combien désormais je vous appartiens.

« Je vous remercie de votre bonne et charmante lettre qui m'a rendu la présence de chacun. Ce que vous me dites de Mme et de Mlle D... ne m'étonne point. J'ai bien vu dans ces deux nobles cœurs le désir d'un lien d'affection sérieux et solide. J'espère que Dieu vous le conservera tel.

« Veuillez remercier Mme Plater d'une grande lettre excellente qu'elle m'a écrite. On écrit mal et peu au lit, et seulement à un père, à une mère, ou à une tante comme vous. Je lui répondrai plus tard.

« Il me semble que l'abbé de Labastie est encore auprès de vous ; dans ce cas, je le saisis pendant qu'il arpente le salon ce soir, et, au lieu de le faire danser (comme j'en ai commis le crime un des jours du carnaval) je l'embrasse cordialement.

« Je voudrais vous prier de dire encore quelques bonnes paroles à vos domestiques de ma part. Je ne me suis pas déshabitué, sans m'en apercevoir, de recevoir les soins de votre excellent Théophile. Quand je pense à tout ce qu'il a fait de bon et de zélé pour ma santé, j'en suis plein de gratitude. Dites-le-lui bien. On ne remercie jamais assez pour ces sortes de services, qui deviennent cependant si précieux dès qu'il s'y mêle un peu d'affection.

« Chère madame, il me semble que je vais mieux. On ne veut pas que je me lève encore, mais j'espère vous offrir une convalescence quand j'aurai la joie de vous revoir. Je vous dis tout cela bien simplement, mais je sais à qui je le dis.

« Cher monsieur C...., je voudrais que Dieu me ménageât la joie de vous rendre un jour quelque grand service pour soulager mon cœur. Je ne le prévois point. Acceptez-en le sentiment et le désir et croyez-moi vraiment à vous.

« Permettez-moi, chère madame, de vous embrasser pour les *buone feste* de tout mon cœur, plein du plus tendre respect.

« HENRY PERREYVE. »

Samedi saint, 65.

Après le départ de son ami, l'abbé de Labastie n'avait pas tardé à rejoindre les siens. Le 23 avril, il m'écrivit du château de Belvey : « Chère madame, je suis accablé de corps et d'âme ; j'ai trouvé tout plus obscur pour l'avenir et plus triste dans le présent[1].

« Une lettre de Charles Perraud confirme mes craintes toujours grandissantes au sujet de l'abbé Perreyve.

---

1. Allusion aux circonstances politiques et religieuses.

Je regarde la croix sans parole et presque sans rien sentir, la croix où tout ce que j'aime est cloué. J'envie notre ami; il a pu, au moins pendant quelques années, travailler à l'avènement du royaume de Dieu. » — Puis il ajoute : « Nous avons les mêmes goûts, les mêmes impressions, et cela dans le dernier détail. Ce qui enthousiasme l'un enthousiasme l'autre ; nos admirations, nos indignations, se rencontrent. Je me sens heureux d'avoir si souvent pensé comme lui, mais combien je suis loin de le valoir. C'est une nature très noble, très aimante, très fière, très délicate, et un cœur que fait battre tout ce qui est grand et beau. »

A notre tour, il fallut dire adieu au Béarn le 10 mai, en embrassant cette pauvre Marie R...; la séparation fut cruelle.

Le dimanche 14, elle me fit demander à Paris des nouvelles de l'Abbé et sa photographie. Le mardi suivant, à quatre heures de l'après-midi, elle envoya chercher un prêtre, confessa ses péchés, sa foi catholique; après avoir prié avec une ferveur profonde pour tous ceux qu'elle chérissait, joignant les mains, elle dit : « Mon Dieu, je suis bien coupable, j'ai bien des fautes à me reprocher, j'ai vécu sans vous connaître, mais vous êtes miséricordieux et je vous aime; donnez-moi le repos; je crois, je crois *fermement*. Puis ajouta : Dites ça à l'abbé Perreyve. »

Marie reçut la sainte Eucharistie et s'éteignit doucement.

A Épinay, où vous étiez tous réunis en famille, j'avais fait déjà plusieurs visites ; j'y retournai, j'annonçai à votre frère. le grand acte que venait d'accomplir Marie *** ; sa figure s'illumina, deux fois il répéta : « *Je suis content, je suis content* », et je n'eus pas le courage de lui en apprendre davantage.

Un mois avant sa fin, l'abbé Perreyve s'intéresse encore vivement à notre première communiante ; il s'occupe avec une sollicitude minutieuse du chapelet qu'elle doit porter le 25 mai ; ce pieux cadeau est accompagné d'une lettre admirable ; la présence de Jésus dans l'âme de votre frère pouvait seule mêler tant de grâce, d'oubli de lui-même aux souffrances qu'il endurait.

Épinay, le 24 mai 1865.

« Ma chère enfant,

« Je vous envoie le chapelet de votre première communion. Je viens de le bénir et je serai heureux de savoir que vous l'avez porté à l'autel *demain matin. Demain matin !* C'est ainsi, ma chère enfant, que le temps a marché ! C'est ainsi qu'il a rapproché de vous cette joie, dont nous parlions cet hiver, comme d'un bonheur encore bien caché dans l'avenir. Oui, *demain matin !* et vous aurez fait votre première communion.

« Soyez bien en paix ce jour, bien calme, bien simplement heureuse ; n'ayez recours, pour exciter votre piété, à aucune exaltation. Attendez doucement la grande heure de votre union avec Dieu, mais avec une humilité profonde et tranquille. N'attendez non plus rien d'extraordinaire ni de surprenant dans l'ordre extérieur et sensible. Toute l'action de Dieu se passera dans le plus intime de votre cœur. Écoutez doucement et en paix les inspirations du divin Maître ; répondez-lui que vous l'aimez et que vous voulez grandir dans son amour ; priez-le bien de bénir et de consacrer toute votre vie, en sorte que la grâce de votre première communion se répande sur chacun de vos jours ; priez pour tous ceux que vous aimez en ce monde, car aujourd'hui votre prière est puissante et vous la devez à tant d'âmes qui vous aiment, à celles sur-

tout qui vous entourent de leur tendresse et de leur dévouement.

« Pour moi, chère enfant, privé par
un état de souffrances d'une joie que
je m'étais réservée avec complaisance,
comme on choisit une fleur qu'on
aime, je ne vous dirai pas ma peine.
J'ai cru, jusqu'au dernier moment,
pouvoir me rendre auprès de vous ;
mais on m'a décidément retenu.

« Je ne puis donc que vous bénir
de loin. Je le fais du fond de mon
âme et je prie Dieu que la grâce de
demain soit le gage de votre salut
éternel.

« HENRY PERREYVE. »

Épinay, 24 mai 1865, 10 heures du matin.

« Très cher monsieur C....,

« Je vous envoie donc tristement le petit cadeau que je destine à Madeleine et que j'aurais eu tant de plaisir à lui offrir moi-même. Je vous demande en grâce de faire parvenir cet objet à son adresse aujourd'hui ; c'est le seul moyen pour qu'elle le porte à l'autel demain matin, et la chère enfant doit être déjà inquiète de savoir si elle aura son chapelet à temps. Je vous en prie donc, et par *quelque voie que ce soit*, que Madeleine ait ce chapelet *aujourd'hui*.

« On a fait ce matin deux voyages

d'Épinay à Paris pour me l'apporter, afin que je puisse le bénir et vous l'envoyer. C'est ce qui explique mon retard.

« Je vous demande, en second lieu, d'accepter mon livre sur la Pologne que je vous offre enfin ! Je suis content de mettre sur ce livre, qui est de votre part une bonne action, une date qui vous demeurera chère.

« Demain matin, je prierai Dieu de toute mon âme pour votre petite enfant et pour vous. Cette terre est un pauvre lieu de dispersion où les âmes qui veulent s'aimer toujours ont à peine le temps de se donner rendez-vous pour un meilleur monde. C'est là que vous retrouverez celle qui manque si cruellement dans ces grands jours !

« Adieu, je vous embrasse ainsi que madame C.... comme le plus tendre et le plus respectueux des fils.

« HENRY PERREYVE. »

Épinay, 24 mai, 6 heures du soir.

« Chère Madame,

« Pour comble d'ennui, l'écrin qui devait contenir ce petit chapelet ne se trouve pas achevé; faites donc mes excuses, à moins que, par un miracle de votre tendresse maternelle, vous ne trouviez avant dîner le moyen d'avoir une jolie boîte. Au Palais-Royal on aurait cela.

« Quel chagrin d'être retenu! Mille tendresses et combien je serai de-

7

main avec vous . . . . mais je ne sais vous le dire comme je veux.

« Henry Perreyve. »

Le 1er juin, l'abbé Perreyre quitta Épinay, à la sollicitation de quelques amis, pour venir à Paris essayer d'un nouveau régime.

Madeleine, accompagnée de ses grands parents, s'empressa d'aller recevoir sa bénédiction ; tous les trois, agenouillés aux pieds du saint mourant, nous étouffions nos larmes. Son aspect révélait une prochaine destruction ; l'étreinte de sa main amaigrie suppléait avec une éloquence pénétrante aux paroles qu'on lui défendait de prononcer. Cependant, m'attirant plus près de lui, il me dit :

« Chère madame C...., je suis mieux, *vrai*, depuis trois jours, mais il était temps, car la girouette avait tout à fait tourné de l'autre côté et j'y allais d'assez bon cœur, je vous assure. » Dans ce parti pris de me rassurer, en plaisantant presque, sa tendresse généreuse se reconnaissait tout entière.

Avant de quitter la chambre, nous l'embrassâmes ; ce fut le suprême adieu. Les pages touchantes de l'abbé Bernard devaient seules nous le rendre encore un moment. Votre frère s'étonnait toujours des sentiments de bienveillance, de sympathie, d'affection, qu'il avait rencontrés à chaque pas dès son enfance, *comme l'année rencontre les dons de Dieu en leur saison.*

Mais n'était-on pas forcé de l'aimer celui dont le souvenir relèvera nos courages brisés, aidera nos efforts à travers la douleur?

DU PÈRE GRATRY, A MADAME C....

« Chère Madame,

« Tout est dit : j'ajoute seulement que, quant à moi, depuis sa mort, il m'est bien présent.

« Je me sens bien souvent ranimé par lui. On dirait qu'il est dans la joie et dans l'enthousiasme.

« Maintenant je travaille pour cette chère mémoire. Aidez-moi. Si vous savez quelque fait particulier qui me puisse servir, je compte que vous m'en écrirez.

« Je prie Dieu, chère madame, de vous combler de ses bénédictions.

« G. Gratry. »

DU PÈRE DE LABASTIE A MADAME C....

Rouen, 3 juillet 65.

« Madame,

» J'avais à peine ouvert la lettre où mon ami Charles Perraud m'annonçait la grande perte qui venait de nous frapper, que ma pensée alla vers vous et vers M. C.... d'un mouvement irrésistible, et je sentis ma douleur s'unir et se confondre avec la vôtre,

comme tant de fois, en des jours qui
ne s'oublieront pas, s'étaient déjà
confondues nos émotions, nos vives
craintes, nos joies et nos espérances.
Témoin pendant longtemps et chaque
jour de l'affection singulièrement profonde dont vous entouriez ce cher enfant, de votre dévouement si tendre et
si absolu pour lui, j'ose vous assurer,
madame, que nul ne saura, mieux que
moi, comprendre l'étendue de votre
douleur et ne voudra y associer plus
cordialement la sienne.

« J'ignore encore tout détail sur
les derniers instants de mon pauvre
ami; je sais seulement qu'il a con-
servé jusqu'au bout sa pleine con-
naissance, et qu'il a vu la mort venir
avec un calme et une sérénité dignes
de son courage et de sa foi.

« Quand il me fallut partir pour Rouen, j'étais, depuis près d'un mois, malade d'un refroidissement qui s'était transformé en je ne sais quelle demi-fluxion de poitrine, puis en une longue fièvre qui ne m'a pas quitté. Arrivé à Rouen, j'ai épuisé du premier coup le peu de forces qui pouvaient me rester.

« J'ai plusieurs fois pris la plume pour essayer de vous écrire, je ne l'ai pu. Aujourd'hui je vais mieux. Dans très peu de jours je quitterai Rouen pour aller à Paris d'où je partirai pour les Eaux-Bonnes. Au retour nous parlerons ensemble de notre cher abbé Perreyve.

« Veuillez, je vous prie, madame, transmettre à M. C.... l'expression des sentiments vraiment tout parti-

culiers d'estime, de respect, d'affection profonde qu'il m'a inspirés.

« Agréez l'assurance d'une reconnaissance bien vive.

« Anatole de LABASTIE. »

Le père Anatole de Labastie ne
devait pas survivre longtemps à l'abbé
Perreyve. Le 14 janvier 1866 il revint
à Pau, plus affaibli que jamais. Son
affection du larynx était devenue si
aiguë qu'il parlait à peine, ne pouvant travailler ; ses livres favoris le
consolaient encore. Chaque jour,
entre quatre et cinq heures, dans
l'après-midi, nous allions voir le malade qui de son côté ménageait ses
forces pour ce rendez-vous ; alors son
crayon suppléait à sa voix ; il ques-

tionnait, répondait, nous racontait les derniers sujets de ses méditations solitaires.

Une sœur dominicaine assise derrière un rideau veillait incessamment, cherchant à calmer chez le pauvre patient le supplice d'une soif ardente toujours inassouvie. — A mesure que l'hiver avançait, le mal s'aggravait; ni nuit ni jour point de repos et pas une plainte. Dès le mois de mars, je voulais appeler auprès de lui quelques membres de sa famille, particulièrement une tante, Mme la marquise de B... qui l'avait élevé.

Craignant pour elle la fatigue et l'émotion d'un tel voyage il repoussait nos insinuations; enfin, il fallut céder, et nous eûmes la satisfaction de le voir entouré des siens.

Le matin du 8 avril, quand les rayons d'un chaud soleil envahissaient sa chambre et montaient jusqu'à son lit, l'Abbé sembla se ranimer un peu. D'une voix basse, mais intelligible, il parla du printemps renaissant dont il espérait quelque apaisement, du château de Belvey, des bois, du parc, où s'étaient écoulées sa joyeuse enfance, sa rêveuse adolescence ; puis ajouta : La vue et la senteur des fleurs me feraient du bien ; ce jour même, en revenant de la campagne, nous lui rapportions un beau bouquet que notre petite fille avait cueilli pour lui dans la serre de Gan ; il était six heures du soir, le mourant ne parlait plus, mais un éclair fit briller son regard, ce regard encore expressif pour remercier et prier.

Le surlendemain, 10 avril, tout était fini. . . . .

L'abbé Perreyve et l'abbé de Labastie, prêtres de l'Évangile, hommes libéraux, tolérants et justes, exemples vivants de charité, de foi et de conciliation, pourquoi avez-vous quitté la terre?

PAROLES PRONONCÉES

PAR

M. L'ABBÉ HENRY PERREYVE

A L'INAUGURATION DE LA CHAPELLE DE STORS

le 29 Août 1864

Ai-je besoin de rappeler à cette affectueuse et sympathique assemblée quelle solennité nous réunit ce matin et nous amène en cette chapelle que vient de quitter à peine la main des artistes ?

C'est une fête comme les aime davantage le cœur des hommes : fête religieuse et aussi fête de famille et

fête d'amitié. Des parents, des amis,
que nous entourons de notre vénéra-
tion et de notre dévouement, après
avoir commencé dans des jours heureux et achevé dans des jours assom-
bris l'embellissement d'une demeure
splendide, — la vie a le secret de ces
cruels contrastes, — ont voulu, en
vrais chrétiens, faire la part de Dieu,
et orner, avec ce luxe discret qui sent
le respect des choses divines, le sanctuaire où nous sommes, et puis, tout
l'ouvrage terminé, ils n'ont pas voulu
faire seuls la consécration de ce
lieu béni. Ils ont appelé ceux qu'ils
aiment ; ils leur ont demandé de s'unir
à leurs prières et de les aider à recevoir dignement ce Dieu de bonté qui
vient sanctifier leur demeure de sa
présence.

Ils nous ont écrit : « Le Maître nous fait l'honneur de nous visiter, venez nous aider à lui faire accueil. » Et nous sommes venus.

Pour moi, chétiens, invité comme vous à cette douce fête, j'aime à me reporter, en ce moment, au temps de la vie terrestre du Sauveur. J'aime à penser que quand Jésus s'était annoncé comme devant venir en quelque maison de Galilée, les hôtes heureux préparaient tout pour le recevoir. On convoquait les parents et les amis ; on ornait tout ; on voulait des fleurs ; on disait : « Le Maître vient ! » On apprenait aux petits enfants à se bien tenir en la présence du Désiré, pendant que les vieillards en espéraient au fond de leur cœur la consolation de leurs antiques peines. Et puis Jésus

venait, et au seul aspect de cette gravité douce, austère et tendre, et de ce
sourire divin, une joie qui n'était pas
de ce monde entrait dans tous les
cœurs. Toute souffrance, toute amertume, tout désaccord disparaissaient;
toutes les affections sacrées prenaient
plus de force. Les liens de la famille
se resserraient; il y avait plus de joie
et d'innocence dans les enfants, plus
d'amour entre les époux, plus de résignation dans les vieillards, plus de courage dans les travailleurs, plus d'espérance dans les affligés, plus de paix en
tous; et quand la divine visite avait
passé, c'était pour les âmes enrichies
de vertus et fortifiées de célestes consolations, comme ces beaux soirs d'été
qui ont vu mûrir en quelques heures
les plus beaux fruits de la terre! Je ne

m'étonne ni de cette joie, ni de ces bénédictions ! Ah ! chrétiens, comme
nous avons besoin de Dieu ! Comme
nous avons besoin de l'appeler dans
notre vie, de l'introduire dans nos de-
meures, de le faire le confident de
nos besoins, de nos défaillances de
chaque jour, et de le prier de bénir ce
foyer domestique trop souvent visité
par la mort, afin d'y voir toujours
briller, derrière les feux tremblants
des amitiés de ce monde, les aurores
sans fin des amitiés éternelles !

Ce grand besoin de Dieu est le fond
même de la vie humaine. Nous ne le
sentons pas toujours, ni à toute heure,
emportés que nous sommes par les
affaires et les plaisirs. Dans cette rapide succession des heures qui for-
ment notre vie, c'est à peine si nous

avons le temps d'interroger notre
âme et d'écouter ses intimes désirs.
Il faut se hâter; il faut terminer cette
affaire; il faut suivre cette combinai-
son heureuse. C'est une réputation à
faire, c'est une fortune à acquérir,
c'est une entreprise à pousser vigou-
reusement; ce sera la dernière. Après
celle-là nous serons libres. Mais la
dernière ne vient jamais, et le tour-
billon des jours passe et nous emporte.

Cependant, au milieu même de tout
ce mouvement et de ce grand bruit,
Dieu se fait sentir, chrétiens, et il
nous avertit par des touches secrètes
qu'il faut penser à lui, qu'il est en
somme la grande affaire, le grand trésor, la véritable fortune, et j'ose dire
le plus grand plaisir du cœur. Il a
mille manières d'avertir une âme de

sa présence et de l'attirer à lui ! Il
avertit l'homme par les larmes et les
revers, il l'avertit encore par les succès, les réussites et le bonheur.

Oui, le succès ! Hé bien, quoi ? Tout
ce qu'on voulait faire a été fait. Quand
on était jeune on avait rêvé une grande
fortune ou une éclatante réputation.
On les possède maintenant. Voilà
donc l'ouvrage achevé. On est riche,
on peut faire et défaire beaucoup de
choses en ce monde ; on dispose de
grandes forces ; on peut s'accorder
mille jouissances. Vous croyez que
l'âme sera satisfaite, et que ce rève
d'un grand repos dans la fortune ac-
quise va combler tous ses désirs ? Ah !
la fortune faite a des secrets étranges ;
et cette heure tant attendue a ses
mélancolies inénarrables. Il y a dans

le cœur des hommes un abîme que le
succès même ne fait que creuser davantage. « Je suis riche, mais quoi?
je désire et je cherche encore ; et en
même temps que mes possessions ont
augmenté, je sens plus grandement
peut-être la secrète indigence de mon
âme. » Que veut-elle donc cette âme
insatiable ! Serait-ce vous, O Dieu?
N'est-ce pas vous qui avez dit :
« L'homme ne vit pas seulement de
pain, mais de toute parole qui sort de
la bouche de Dieu! » O paroles de vie,
c'est vous maintenant que je veux
entendre ! Vous seules relevez mon
âme, parce que vous m'enseignez tout
à la fois et l'insuffisance des richesses
et le grand et saint usage que j'en
puis faire! Vous me consolez des tra-
hisons du temps et de l'amertume que

je ressens chaque jour à tout pouvoir pour mon plaisir, alors que les accidents de la vie m'ont ôté la faculté même d'être heureux, par la grande pensée qu'il me reste encore à faire, que la meilleure entreprise n'est pas terminée, que la plus pure joie n'est pas épuisée, que le meilleur bien n'est pas possédé pleinement, que derrière tout ce vain cortège des prospérités insuffisantes, il me reste un dernier trésor à atteindre : Dieu!

Messieurs, j'ai parlé tout à l'heure de réputation et de gloire ; et qui ne sait, pour avoir approché tel ou tel des favoris de la renommée, que ce genre de triomphe connaît aussi ses insuffisances, ses découragements, ses dégoûts, et que la gloire ne donne trop souvent au monde que ces immortels ennuyés, tout à la fois esclaves du public et dégoûtés de ses jugements, et partagés entre la soif insatiable de remplir de leur nom toute la terre, et le rêve d'un silence et d'un oubli libérateurs? Cette heure des dégoûts de la renommée est encore l'heure de Dieu. Qu'est-ce que l'homme, pour qu'on se donne tant de peine pour lui plaire? Jusques à quand faudra-t-il tant d'efforts pour m'assurer la bienveillance de ce critique et l'indulgence de ce journal? Je commence à découvrir un autre juge, duquel il serait temps de tenir compte. Oui, je laisserai pour ce qu'ils valent ces jugements des hommes qui ne m'apportent plus, dans leurs éloges mêmes, qu'un secret et incurable ennui. J'irai à Celui auprès duquel la première des

gloires est d'être bon ; et c'est la suprême consolation de mon âme que,
derrière tout le bruit fatigant et dé-
daigné des opinions des hommes, il
me reste du moins un juge respecté :
Dieu.

Il est donc vrai, chrétiens, que Dieu
touche et attire l'homme par l'insuffisance des réussites et des succès de
ce monde. Ai-je besoin d'ajouter qu'il
le touche encore par les revers, et
qu'il se montre alors comme le seul
et suprême refuge des âmes blessées !
Que vais-je dire maintenant ? Pourquoi parler vaguement de peines et
de regrets qui sont dans tous nos
cœurs ? Cette intime assemblée peut
tout entendre. Mais comment parler
de certaines douleurs trop vivantes
encore ? Cependant où pourrions-nous

en parler mieux qu'ici : au pied de cet autel orné des images des saints dont ils portaient les noms, et devant ce tabernacle qui contient les mystères de l'éternelle espérance ?

Oui, je regarde et je les cherche... Et elles devaient être ici ces chères personnes aimées que la riante beauté de ces lieux semble toujours attendre, et dont les souvenirs vivront immortellement en nos cœurs !

Où est-il ce bon, noble et charmant ami[1] qui, fidèle à la douleur comme d'autres le sont à la fortune heureuse, avait apporté ici le cœur du meilleur des frères ? Ah ! qu'il me soit permis d'évoquer un moment cette figure aimée ! Je ne craindrai pas de

---

1. Jean-Jacques Ampère.

le faire à vos pieds, ô Jésus, car vous
avez été en vos jours mortels un in-
comparable ami, et rien de ce qui
touche les vrais et purs sentiments
du cœur de l'homme ne saurait être
indigne de vous !

Oui, j'aime à le revoir dans mes
souvenirs, tel que nous l'avons si souvent admiré : il me semble retrouver
cet accueil franc, sincère, ardent;
sentir l'étreinte vive et agitée de sa
main; entendre aussitôt sur ses lèvres
ces paroles d'une amabilité exquise,
si délicates, si affables, si pleines de
la plus cordiale tendresse, sans la
moindre affectation. Je crois entendre
l'animation loyale de sa parole; les
spirituelles saillies de sa conversation
toujours promptes et imprévues; je
me rappelle ses admirables indigna-

tions, ses colères d'honnête homme,
qui l'entraînaient parfois et lui arra-
chaient des jugements sur lesquels il
s'imposait souvent le devoir de reve-
nir, rare exemple de justice sévère
sur soi-même et de courageuse droi-
ture! Je me rappelle son dévouement
à ses amis, la part si franche qu'il
prenait à leurs inquiétudes ou à leurs
espérances, à leurs joies ou à leurs
revers ; la tendresse comme paternelle, si profonde et si touchante,
qu'il avait reportée sur les enfants de
ceux qu'il aimait ; sa générosité dans
les affaires de la vie, sa charité envers les pauvres, enfin cette grâce
d'une bonté naïve, plus charmante
dans un grand esprit, et la délicatesse
infinie d'une amitié sûre, et qui, une
fois donnée, n'était jamais reprise.

Hélas! qu'il est loin déjà ce dernier entretien qu'il me fut donné d'avoir ici même, il y a un an à peine, sous ces ombrages voisins, avec cet excellent esprit! Je ne sais quelle gravité inattendue vint tout à coup donner à ses paroles comme une austère consécration. Nous parlions de Dieu, de Jésus-Christ, des preuves évangéliques, des espérances de la vie future. Je fus si heureux de voir les grands progrès de cette âme dans la recherche de la vérité, que j'en bénis Dieu devant lui et avec lui. Toutes les difficultés de l'esprit n'étaient pas vaincues, mais toutes les certitudes du cœur étaient acquises, et il me répéta plusieurs fois avec l'accent d'une conviction déterminée : « Je suis chrétien, je suis chrétien! »

Une mort rapide nous l'a enlevé ; mais j'ai, pour ma part, en la miséricorde de Dieu, qui est sans bornes, une confiance qui est sans bornes ; et j'aime à penser qu'au moment où je parle, l'ami est encore là, d'une façon invisible, avec nous.

Parlerai-je d'une autre absence qui est dans toutes les pensées ?

O Dieu ! oui, vous vous montrez dans les revers de notre vie ! Ce n'est pas vous qui les faites, « ce n'est pas Dieu, dit la sainte Écriture, qui a fait la mort » ; c'est la révolte de l'homme coupable. Vous ne paraissez dans l'histoire des douleurs humaines que pour les adoucir et les consoler par les espérances de l'éternelle vie. Levons donc les yeux, regardons en haut, écoutons les instincts profonds de nos cœurs ; voilà des voix qui ne sauraient tromper. Croyons d'une certitude invincible que nous retrouverons au ciel nos chers bien-aimés disparus, et que les joies d'un commerce éternel viendront récompenser le courage de notre attente.

Cependant, il faut bien parler d'*Elle*[1]! Et je serais impardonnable si, dans cette fête des souvenirs, je ne disais rien, faute de courage, de cette angélique personne dont le souvenir plane ici partout... Hé bien! qu'elle soit le sujet de nos dernières paroles ; et ces dernières paroles, qu'il me soit permis de les adresser à la douce et intelligente enfant qu'elle

1. Mme Louise G..., née Cheuvreux, enlevée depuis quatre années à l'amour des siens.

laisse en ce monde, et qui sera l'hé-
ritière de ses nobles vertus, comme
elle l'est déjà de sa ressemblance...

Ma chère enfant, Dieu, qui est bon,
a mis près de vous, à côté d'un père
qui vous aime, pour protéger et bénir
votre enfance, une seconde mère,
qui a pris à tâche de veiller à votre
bonheur et de vous consacrer chaque
jour tout ce qu'il y a de meilleur, de
plus dévoué, de plus tendre dans son
âme. Votre confiance en elle peut
être sans limites, car il n'y a rien de
sacré en vous qu'elle ne respecte ; et
le premier des trésors sur lesquels
elle veut veiller elle-même avec une
sollicitude digne de l'élévation de son
âme, c'est le souvenir de l'ange ma-
ternel que vous avez perdu. Elle vous
redira, bien mieux que je ne saurais le

faire moi-même, ce que fut votre
pieuse mère; elle vous apprendra le
secret de ses vertus, trop délicates
peut-être et trop élevées dans leurs
aspirations, pour cette terre où nous
sommes. Elle vous la montrera souvent comme un modèle de cette élévation de l'esprit et des sentimens qui
ennoblit la vie, et qui ajoute un
charme si puissant à la vertu même.
Enfin, elle vous racontera comment
elle sut trouver dans une grande foi
religieuse et une solide piété le courage de souffrir jeune, de comprendre
tout à coup que l'heure est venue de
quitter une vie aimée, son mari, son
enfant, des parents adorés, de cacher
sous des sourires héroïques les prévi-
sions chaque jour plus certaines de la
mort; de paraître jouir encore, pour

ne rien affliger autour d'elle, de tous les biens sacrifiés d'une vie heureuse, de laisser enfin tout cela, de quitter la terre sans murmures, et d'entrer avec force et espérance dans l'éternité.

Emportez donc, ma chère enfant, de cette fête de famille, tout à la fois et un souvenir plus sacré de celle qui vous quitta et une confiance plus douce et plus heureuse en celle qui tient sa place et s'honore d'être la religieuse gardienne de vos plus grands souvenirs. Je vous laisse ces dernières paroles avec les vœux d'un prêtre et d'un ami pour votre jeune et touchante destinée...

Et nous tous, chrétiens, venus à cette fête pour honorer la présence de Dieu en cette demeure et entourer de nos prières des amis aimés, emportons plus de courage pour la vie, plus de force pour supporter nos chagrins, plus de désir de trouver Dieu, plus de certitude de rejoindre au ciel ceux qui nous ont précédés, plus de détermination à penser à notre salut, sans lequel toutes les richesses, toutes les gloires, tous les amours les plus sacrés ne sont que l'illusion d'un moment, et un rêve trop court pour une âme destinée à des joies et à des affections éternelles!

Quantù amplimènt
Scripture adaris

www.ingramcontent.com/pod-product-compliance
Lightning Source LLC
Chambersburg PA
CBHW060804110426
42739CB00032BA/2741